AF312151

GUIDE PRATIQUE

ET RAISONNÉ

DU

GARDE FORESTIER

GUIDE PRATIQUE

ET RAISONNÉ

DU

GARDE FORESTIER

A L'USAGE DES PRÉPOSÉS DE L'ADMINISTRATION DES FORÊTS, GARDES DE PARTICULIERS ET GARDES-VENTES ;

RÉSUMÉ COMPLET

DES LOIS, RÈGLEMENTS ET INSTRUCTIONS CONCERNANT LE SERVICE DES GARDES

suivi de

26 FORMULES DE PROCÈS-VERBAUX

ET D'UN TARIF DE CUBAGE

Par M. . ., Sous-Inspecteur des Forêts.

TROYES

IMPRIMERIE DE J. BRUNARD,

rue Urbain IV, 85.

1859

ERRATA.

—

Page 16, 12ᵉ ligne, *au lieu de* : peuvent, *lisez* : peut.
Page 27, 31ᵉ ligne, *au lieu de* : peut, *lisez* : doit.
Page 28, 5ᵉ ligne, *au lieu de* : entre le lever et le coucher, *lisez* :
entre le coucher et le lever.
Page 67, 10ᵉ lig., *au lieu de* : 500 kilomètres, *lisez* : 2 kilomètres.
Page 118, 10ᵉ ligne, *au lieu de* : doit, *lisez :* doivent.

AVANT-PROPOS.

Les notions que les préposés de l'Administration
des forêts ont sur les diverses parties de leur service, sont presque toujours confuses et incomplètes.
Eloignés de leurs chefs, ils ne peuvent recourir à
leurs conseils toutes les fois qu'ils leur seraient
nécessaires ; privés de livres spéciaux dans lesquels ils pourraient acquérir les connaissances qui
leur manquent, car les ouvrages forestiers sont
chers et trop compliqués pour être à leur portée,
les gardes se bornent le plus souvent à apprendre
l'instruction sommaire que l'Administration délivre
à chacun d'eux avec le livret d'ordre; instruction

trop abrégée pour indiquer aux préposés la conduite qu'ils doivent tenir dans toutes les circonstances : aussi sont-ils exposés à commettre des erreurs qui peuvent avoir soit pour eux-mêmes, soit pour le service, les conséquences les plus fâcheuses.

Quelques agents, frappés de ces inconvénients, ont à diverses époques publié des *Manuels forestiers* destinés à éclairer les gardes sur les points les plus importants de leurs fonctions. Ces ouvrages n'ont pas été aussi répandus qu'ils méritaient de l'être ; ils sont néanmoins épuisés aujourd'hui, et d'ailleurs ils ne sont plus au courant des règlements actuels.

L'utilité de ces traités m'a donné l'idée d'extraire des lois, des règlements, des circulaires et des meilleurs ouvrages forestiers, les documents les plus utiles aux préposés, et de les classer méthodiquement de manière à en former un Guide aussi complet que possible, — les encouragements que m'ont donné plusieurs de mes collègues m'ayant permis de croire que ce travail pourrait être utile, je me suis déterminé à livrer à l'impression ces notes destinées dans le principe à servir aux seuls préposés de mon cantonnement.

J'ai adopté pour le classement l'ordre qui m'a paru le plus logique. Les deux premiers chapitres sont consacrés à l'examen des règles de service que les préposés doivent connaître dès qu'ils entrent en fonctions. Le chapitre III traite d'une manière générale de la constatation des délits; l'excellent Commentaire de M. MEAUME m'a servi de guide sûr pour tout ce qui concerne cette partie de mon travail; je ne pouvais puiser à une meilleure source. Pour faciliter l'intelligence des règles indiquées dans le texe, j'ai inséré à la fin du volume un certain nombre de procès-verbaux choisis de manière à comprendre les délits les plus communs, avec les circonstances caractéristiques les plus importantes à connaître. — Je me suis appliqué à simplifier autant que possible la rédaction de ces actes et à éviter les formes surrannées encore employées d'après d'anciens formulaires. Je ne donne pas ces procès-verbaux comme des modèles à copier, mais bien comme des exemples à suivre, sauf à les modifier suivant les circonstances.

Le chapitre IV comprend d'une manière générale et forcément un peu sommaire les règles de la remise des exploits; j'ai dû réduire cette partie de mon travail aux notions les plus indispensables. L'examen complet des difficultés nombreuses qui se présentent à l'occasion des citations m'aurait entraîné· à donner à ce chapitre un développement beaucoup trop considérable.

Les chapitres suivants sont consacrés à l'examen détaillé des diverses natures de délits, de nombreux renvois permettront aux lecteurs de se reporter aux exemples imprimés à la fin du volume.

J'ai cru devoir consacrer un chapitre spécial aux opérations des coupes ; les notions pratiques que je donne sur les balivages, les récolements, etc., sont connues de tous les agents expérimentés, mais elles n'ont jamais été formulées.

Les travaux d'amélioration ont fait l'objet d'un chapitre distinct. — Cette branche du service sur laquelle les manuels publiés jusqu'à ce jour gardent un silence complet, tend aujourd'hui à acquérir une grande importance : elle devait avoir sa place dans ce recueil.

Le Traité de Sylviculture de M. PARADE, que j'ai largement mis à contribution, renferme sur ces matières des notions aujourd'hui classiques; il m'eût été difficile de traiter des repeuplements d'une manière plus méthodique et plus claire que ce savant forestier.

J'ai complété mon travail par un résumé des documents administratifs qui intéressent les préposés, de telle sorte qu'il pourra leur servir de guide depuis l'entrée dans l'Administration jusqu'à la mise à la retraite.

Un dernier chapitre est consacré à l'indication des devoirs des gardes particuliers et gardes-ventes, dont les fonctions ont une grande analogie avec celles des gardes de l'Administration, et qui ont avec eux des relations journalières.

Le désir d'être utile à un personnel dont j'ai depuis longtemps appris à apprécier le dévouement et l'abnégation, a seul pu me faire accepter la tâche que je me suis imposée, je croirai l'avoir remplie si mon travail peut éviter aux préposés quelques erreurs, aux agents quelques difficultés.

TABLE

DES CHAPITRES ET DES SOMMAIRES

CONTENUS DANS L'OUVRAGE.

GUIDE

DU

GARDE-FORESTIER.

CHAPITRE Ier.

ENTRÉE EN FONCTIONS.

SOMMAIRE.

Commissions. — Serment politique. — Serment professionnel. — Transcription au greffe. — Installation. — Préposés logés. — Cession d'objets divers. — Conseils.

1. *Commissions.* — Les préposés de l'administration des forêts forment deux catégories distinctes, suivant que les propriétés qu'ils surveillent appartiennent à l'Etat ou aux communes et établissements publics. On appelle *domaniaux* ceux dont les triages sont composés de bois appartenant à l'Etat, soit exclusivement, soit par indivis avec les communes ou les particuliers.

Les gardes-pêche, les gardes cantonniers, les gardemixtes, c'est-à-dire dont le triage est composé partie de bois de l'Etat, partie des bois des communes ou établissements publics, rentrent dans la catégorie des préposés domaniaux.

Tous les préposés de cette catégorie sont nommés par le Directeur général des forêts et commissionnés par lui. (Ord., art. 12.)

Les gardes et brigadiers dont le triage est exclusivement composé de bois appartenant aux communes ou établissements publics sont dits *communaux*. Ils sont nommés par les Préfets sur la proposition des Conservateurs, qui délivrent leurs commissions. (Code forestier, 95 ; décret du 25 mars 1852 ; décision du 18 mai 1853).

Les préposés communaux sont en tout assimilés aux gardes domaniaux, ils sont soumis à l'autorité des mêmes agents. (C. for., art. 99.)

Les préposés de toute catégorie reçoivent leurs commissions par l'intermédiaire du chef de cantonnement sous les ordres duquel ils sont placés.

2. *Serment politique.* — L'agent forestier, en remettant la commission au préposé nouvellement nommé, lui fera connaître le jour et l'heure choisis pour la prestation du serment prescrit par l'article 14 de la Constitution.

Un arrêté ministériel du 29 avril 1852, a réglé le mode de prestation de ce serment qui est reçu par le Préfet ou le Sous-Préfet de l'arrondissement de la résidence du préposé.

3. *Serment professionnel.* — Indépendamment du serment politique, les préposés de l'administration des forêts sont tenus de prêter, devant le tribunal de première instance de l'arrondissement, le serment

professionnel prescrit par l'article 5 du Code forestier.

Avant d'être admis à ce serment, le préposé nouvellement promu devra soumettre sa commission au
timbre de dimension. On timbre à l'extraordinaire
dans les bureaux de timbre établis au chef-lieu de
département ; dans les chefs-lieux d'arrondissements,
ce timbre est remplacé par un simple visa apposé par
le receveur d'enregistrement. — Le droit à payer est
de 0 fr. 70 (Décis. minist. 17 février 1811.)

La commission ainsi timbrée est remise au greffier
du tribunal par le préposé qui demande à prêter serment, et sur la réquisition du Procureur impérial, le
tribunal, après lecture de la commission , reçoit le
serment dont la teneur est indiquée par le président.

L'acte de prestation de serment est dressé par le
greffier, qui en fait mention sur la commission remise
au garde.

L'enregistrement de cet acte coûte 3 fr. — Il n'est
rien dû au greffier pour salaires ou droits quelconques
de greffe.

4. *Transcription de la commission.* — Si le triage
dans lequel il doit exercer ses fonctions est compris
dans un seul arrondissement, le préposé n'a plus à
remplir d'autres formalités préalables à son installation. Mais si son triage s'étend sur plusieurs arrondissements, ou s'il est limitrophe d'autres arrondissements
sur lesquels le titulaire puisse être dans le cas de faire
quelques actes de son ministère, comme perquisitions,
citations, etc., il devra faire transcrire sa commission
et l'acte de prestation de serment au greffe du tribunal
ou des tribunaux dans le ressort desquels il peut être
appelé à exercer.

Tout préposé qui change de résidence sans changer de grade doit de même faire inscrire sa commission au greffe du tribunal ou des tribunaux dans le ressort desquels il remplit ses fonctions. (C. for., art. 5.) Il est fait mention de cet enregistrement sur la commission par le greffier. Cette formalité est complètement gratuite.

Cet enregistrement a pour objet de fournir au tribunal le moyen de s'assurer si les procès-verbaux et exploits dressés par les gardes sont l'œuvre de fonctionnaires régulièrement investis de l'autorité nécessaire.

5. *Installation.* — Comme les gardes sont responsables des délits qu'ils n'ont pas constatés, il importe qu'en arrivant dans un triage ils en vérifient l'état afin qu'on ne puisse pas plus tard imputer à leur négligence les délits commis antérieurement à leur prise de service. Il importe aussi au garde sortant de faire reconnaître l'état dans lequel il laisse le triage à son successeur.

Cette vérification contradictoire se fait en présence du chef de cantonnement ou du brigadier délégué à cet effet. Il en est dressé un procès-verbal qui est revêtu de la signature des gardes entrant et sortant.

Les préposés doivent, avant cette vérification contradictoire, parcourir et visiter avec soin les limites des triages, les coupes et les lieux exposés aux délits, afin de signaler au chef qui procède à l'installation, les délits non reconnus. — Ils profiteront de cette visite complète du triage pour se faire donner tous les renseignements indispensables sur les véritables limites des bois, la situation des exploitations, les habitudes des riverains, etc., de manière à avoir sur les hommes et les choses qu'ils auront à surveiller des notions aussi précises que possible.

6. *Préposés logés.* — L'installation des préposés logés en maisons forestières doit être précédée d'une reconnaissance de l'état des lieux faite par le chef du cantonnement. Les obligations imposées aux préposés logés ont été déterminées par un arrêté en date du 16 avril 1846, dont la teneur suit :

« A l'avenir, tout employé logé en maison fores-
« tière souscrira au pied du procès-verbal de son ins-
« tallation l'engagement, pour lui et ses héritiers, de
« se conformer aux conditions prescrites par l'admi-
« nistration en ce qui concerne soit la prise de pos-
« session, soit la remise de la maison et du terrain
« en dépendant. L'employé sortant sera tenu aux ré-
« parations locatives dont l'état sera dressé par le
« chef du cantonnement.

« La prime d'assurance sera payée par l'employé
« sortant et celui entrant, dans la proportion du temps
« de l'occupation de la maison par chacun d'eux. Il
« en sera de même de l'impôt des portes et fenêtres.
« La contribution personnelle et mobilière sera payée
« en entier par l'employé sortant.

« A partir du jour de la notification de la décision
« qui le changerait de résidence ou le révoquerait, le
« préposé occupant ne pourra plus faire acte de pro-
« priété sur les récoltes non engrangées ; il ne pourra
« enlever que les récoltes engrangées au moment de
« son changement.

« Les pailles et fumiers resteront sans indemnité à
« la disposition de l'employé entrant ; ils ne pourront
« être détournés de leur destination dans aucun cas
« et sous quelque prétexte que ce soit.

« L'employé entrant recevra la maison et le terrain
« en dépendant dans l'état où ils se trouveront à la
« sortie de son prédécesseur, sans que celui-ci ou ses
« héritiers puissent réclamer autre chose que les frais
« de culture et la valeur des semences.

« En cas de difficulté pour la fixation des frais de
« culture et du prix des semences, le Conservateur
« statuera au vu du rapport du chef de cantonnement
« et des observations de l'Inspecteur. »

7. *Cession d'objets divers.* — Le garde sortant doit
remettre à son successeur : La plaque et le marteau
affectés au triage ; le livret ou registre destiné à la
transcription des procès-verbaux, ordres de service,
etc., et les feuilles de procès-verbaux non employées.

Les plaques des gardes et brigadiers domaniaux
appartiennent à l'administration qui les fournit. Le
garde entrant n'a rien à rembourser à son prédécesseur pour la remise de cet insigne.

Les plaques des gardes communaux appartiennent
soit aux préposés, soit aux communes. Dans le premier cas seulement, le garde entrant doit en payer
la valeur à celui qu'il remplace.

Le marteau est affecté au triage dont il porte le numéro ; mais l'acquisition en est laissée à la charge des
préposés ; aussi la valeur doit-elle en être remboursée
au garde sortant.

Les difficultés qui pourraient s'élever sur la fixation
du prix du marteau ou de la plaque doivent être tranchées par le chef du cantonnement.

Le registre remis par le préposé sortant doit être
arrêté et visé par l'agent qui procède à l'installation
et les deux gardes intéressés ; le nombre des feuilles
de procès-verbaux laissées au préposé entrant est ins-

crit sur le registre et doit représenter exactement la différence entre celui des feuilles adressées au garde sortant par le chef du cantonnement et celui des feuilles dont l'emploi est justifié.

Le préposé sortant doit encore remettre à son successeur les anciens registres ; les ordres généraux de service, instructions et circulaires qui lui ont été laissés par son prédécesseur, ainsi que ceux qu'il a reçus pendant sa gestion ; outre les différents objets dont il vient d'être parlé et dont le garde entrant doit toujours exiger la remise, il peut acquérir les effets d'armement ou d'équipement de son prédécesseur. Le prix en est réglé de gré à gré entre le garde entrant et celui sortant ou ses héritiers.

8. *Conseils.* — La reconnaissance du triage faite pour l'installation a permis au nouveau garde de prendre un premier aperçu des forêts dont la surveillance lui est confiée. Il devra, au début de son service, compléter ces notions en visitant avec soin les coupes en exploitation, en s'assurant de la situation des bornes, fossés et arbres de lisière qui déterminent les limites ; il devra enfin s'attacher à connaître les habitudes des populations riveraines des bois, les délits les plus fréquents et les moyens employés pour les commettre.

Les préposés nouvellement installés dans un triage, ne sauraient apporter trop de réserve dans leurs relations avec les habitants. Ceux qui leur font le plus d'avances sont souvent les délinquants les plus adroits. Un garde prudent saura sans affectation de sévérité, éviter au début les connaissances intimes et ne se mêler en rien aux querelles locales, afin de rester indépendant et impartial, condition indispensable chez tous les agents de l'autorité.

CHAPITRE II.

RÈGLES DE SERVICE.

1. *Livret d'ordre.* — Le livret dont chaque préposé
est muni, est destiné à inscrire jour par jour et sans
lacune, la transcription des procès-verbaux de délit,
la reconnaissance des châblis et volis, les délivrances
dûment autorisées de harts; plants, feuilles, terres,
pierres, sables et en général de toutes les productions
du sol forestier, les citations et significations en désignant leur objet et le nom de la personne à qui la copie de l'exploit a été remise, et les opérations auxquelles les gardes concourent.

Si dans le cours de leur tournée journalière les
gardes n'ont rien remarqué qui intéresse le service,
ils le disent sur leur livret. Le livret doit être soigneusement tenu; sous aucun prétexte les gardes ne peuvent en déchirer ou en enlever les feuilles qui sont
numérotées et paraphées.

2. Les procès-verbaux de délit doivent y être transcrits dans leur entier le jour même de la rédaction, l'affirmation et l'enregistrement doivent être mentionnés à leur date, la reconnaissance des châblis et volis doit être inscrite à sa date et de la manière suivante :

Reconnu, au canton de..... forêt de..... deux chênes châblis de 0,60 et 0,80 cent. de tour, que nous avons marqué de notre marteau.

3. L'inscription des délivrances des menus produits doit toujours mentionner la décision qui les a autorisées ; cette inscription peut être faite dans la forme suivante :

Delivré au sieur N..... dans la forêt de..... au canton de...... la quantité de...... suivant décision du..... inscrite à notre livret, folio..... n°.....

4. Les citations et significations s'inscrivent à leur date ainsi qu'il suit :

Signifié au sieur..... demeurant à..... un procès-verbal de délit, n°..... parlant à....

5. La mention des tournées et opérations se fera d'une manière sommaire, mais complète. Ainsi, il ne suffit pas d'inscrire au livret : *tournée rien de nouveau*, il faut indiquer les cantons parcourus, les coupes visitées.

Les ordres généraux de service doivent ainsi être transcrits sur le livret, ainsi que les arrêtés et décisions qui autorisent des délivrances de menus produits.

6. *Feuilles de procès-verbaux.* — Les feuilles de procès-verbaux sont transmises aux gardes par le chef de cantonnement, elles sont numérotées, la remise ou la réception doit en être mentionnée au livret, dans la forme suivante :

1.

Remis ou reçu pour le service du triage, n°...., les feuilles de procès-verbaux de délit portant les n°⁵.... à... — Les gardes doivent justifier de l'emploi de toutes les feuilles reçues, ils sont tenus de représenter celles qui par accident seraient déchirées ou hors de service.

7. *Marteau*. — Le marteau des gardes et des brigadiers est destiné à marquer les chàblis et bois de délit. L'empreinte en est quadrangulaire et porte avec les lettres initiales de la fonction, le n° de la conservation et celui du triage ; les arbres abattus ou rompus par les vents, les souches provenant d'un délit doivent être au moment même de la reconnaissance, frappés de l'empreinte du marteau. Cette marque sert à prouver la vigilance du préposé, elle permet en outre de reconnaître ultérieurement les bois qui viendraient à être enlevés par les délinquants ; il ne suffit pas, cependant, pour qu'un préposé soit à l'abri de tout reproche et déchargé de toute responsabilité, qu'il ait apposé l'empreinte de son marteau sur les souches des arbres enlevés en délit, il faut encore qu'il fasse mention de la découverte de ces délits sur son livret, en indiquant l'essence et la dimension des souches et qu'il justifie des recherches qu'il a faites pour arriver à connaître les délinquants.

8. *Plaque*. — La plaque est l'insigne des fonctions des préposés forestiers, elle est en cuivre argenté, l'administration des forêts fournit les plaques des gardes domaniaux, mixtes et de la pêche ; celles des gardes communaux et d'établissements publics, sont achetées par les communes et établissements ou par les préposés, elles doivent être de même modèle. — **La plaque se porte ostensiblement.**

9. *Correspondance*. — Les gardes embrigadés cor-

respondent directement avec leurs brigadiers ; ceux-ci et les gardes non embrigadés correspondent avec leur chef immédiat, garde général adjoint, garde général ou sous-inspecteur.

Il est interdit aux préposés d'adresser directement et sans l'intermédiaire de leurs chefs immédiats, à l'administration ou aux agents supérieurs, toute demande, réclamation ou lettre quelconque relative à leur fonction. Il leur est de même interdit de faire des pétitions collectives.

Le mode de correspondance en franchise a été réglé par un grand nombre de décisions dont nous indiquerons seulement les dispositions qui sont relatives aux préposés.

Les brigadiers sont autorisés à correspondre en franchise sous bandes avec les gardes à pied, les gardes pêche et les gardes cantonniers dans l'étendue de leur circonscription, avec les conservateurs, inspecteurs, gardes généraux, et receveurs de l'enregistrement et des domaines, dans l'étendue de la conservation à laquelle ils sont attachés.

Les gardes à pied, garde-pêche et gardes cantonniers sont autorisés à correspondre de la même manière avec leurs brigadiers, dans l'étendue de la circonscription de ces derniers, avec les conservateurs, inspecteurs, gardes généraux et receveurs des domaines dans l'étendue de la conservation.

La signature de l'expéditeur doit être écrite à la main après la désignation de sa qualité.

Les paquets contresignés doivent être remis au Directeur de la poste ou au facteur, et lorsqu'ils auront été jetés à la boîte ils seront taxés.

Les lettres et paquets contresignés et mis sous bande ne pourront être reçus et expédiés en franchise, si la largeur des bandes excède le tiers de la surface des lettres et paquets.

Il est défendu de comprendre dans les dépêches expédiées en franchise des lettres, papiers ou objets quelconques étrangers au service.

En cas de soupçon de fraude ou d'omission d'une seule des formalités prescrites, les préposés des postes sont autorisés à taxer les lettres et paquets en totalité, ou à exiger que le contenu soit vérifié en leur présence par les personnes auxquelles ils sont adressés, et s'il résulte de cette vérification qu'il y a fraude, ils rédigeront un procès-verbal qui sera transmis à l'administration supérieure.

Tout paquet contresigné dont le poids excèderait un kilogramme pourra être refusé par le Directeur de la poste.

10. *Résidence.* — Les préposés résideront dans le voisinage des forêts ou triages confiés à leur surveillance. — Le lieu de leur résidence sera indiqué par le conservateur. (Ord., art. 25.)

11. *Incompatibilité.* — L'emploi de garde forestier est incompatible avec toute autre fonction administrative. (C. for., art. 4.)

Cette incompatibilité est absolue pour les gardes domaniaux ou mixtes, non-seulement ceux-ci ne peuvent occuper aucun emploi rétribué, mais ils ne peuvent même accepter de fonctions gratuites ; ainsi, ils ne peuvent être Maires, Adjoints, membres du Conseil municipal, ils ne doivent accepter aucune mission , même temporaire , sans l'autorisation de l'administration.

Toutes les autorisations accordées pour la surveillance par les préposés domaniaux ou mixtes des propriétés particulières, ont été révoquées par décision du 7 juin 1844. (Circulaire 545 bis.) Les gardes communaux peuvent être autorisés par le conservateur à surveiller des propriétés, soit communales, soit particulières ; mais ces autorisations sont révocables à volonté.

12. *Prohibitions.* — Les parents ou alliés d'un garde ne peuvent être facteurs des coupes de son triage.

Il est interdit aux gardes :

1° De faire le commerce des bois directement ou indirectement, de prendre part aux adjudications de coupes, châblis, glandées et autres menus marchés quelconques. (Ord. art. 31, C. for., art. 21.)

2° De tenir auberge ou de vendre des boissons en détail. (*Idem.*)

3° De rien recevoir des adjudicataires ou de toutes autres personnes, pour objet relatif à leurs fonctions. (art. 35).

4° De disposer des bois châblis ou de délit, gisant en forêt, et d'aucun produit forestier.

Ces dispositions, inscrites au livret des préposés, n'ont besoin d'aucun commentaire, elles doivent être exécutées strictement. Toute infraction entraine la révocation du garde sans préjudice des poursuites qui pourraient être dirigées contre lui dans le cas où il se serait rendu coupable de concussion ou de prévarication.

13. *Garantie administrative.* — Les préposés de l'administration forestière ne peuvent être poursuivis pour des faits relatifs à leurs fonctions qu'avec l'autorisation de l'administration. Cette autorisation doit être expresse et précéder la mise en jugement ; elle doit être demandée même pour diriger contre un préposé des poursuites à fins civiles seulement si le fait qui donne lieu à l'action civile est relatif aux fonctions du préposé. Le défaut d'autorisation peut être invoqué en tout état de cause, il entraîne la nullité des poursuites commencées.

La garantie administrative peut être réclamée par un préposé révoqué, démissionnaire ou admis à la retraite, s'il est poursuivi pour des faits qu'il aurait commis dans l'exercice de ses fonctions.

On considère comme relatifs aux fonctions, tous les faits commis soit à raison des fonctions, soit dans l'exercice des fonctions. Cependant le Conseil d'Etat a décidé que les préposés poursuivis pour délit de chasse ne jouiraient pas de la garantie administrative.

Quand un préposé est prévenu d'un délit ou d'un crime relatif à ses fonctions, il est procédé contre lui à une instruction préliminaire par les magistrats chargés de la poursuite, le préposé est appelé à donner ses explications sans pouvoir être obligé de subir un interrogatoire ; le procès-verbal de cette enquête préliminaire est transmis à ses supérieurs immédiats, et c'est sur leur avis que le directeur général décide s'il y a lieu d'autoriser la poursuite.

Il ne peut être décerné aucun mandat de comparution ou d'amener contre le préposé poursuivi ; cependant il peut, en cas de flagrant délit, être mis sous la main de la justice ; mais la mise en jugement n'a lieu qu'après l'obtention de l'autorisation.

La garantie administrative n'a pas pour objet de mettre les gardes à l'abri des poursuites qui pourraient être dirigées contr'eux soit par le ministère public, soit par des particuliers lésés, mais bien de laisser à l'administration l'examen des actes incriminés, afin qu'elle puisse ou en revendiquer la responsabilité, ou laisser à la justice son libre cours, si le préposé a méconnu ses devoirs.

14. *Privilége de juridiction.* — Les préposés forestiers poursuivis en vertu d'une autorisation régulière, à raison de crimes ou délits commis dans l'exercice de leurs fonctions, ne peuvent être jugés que par la Cour impériale ; si le fait incriminé entraîne la peine de forfaiture ou une autre peine plus grave, l'instruction est faite par le Procureur général et le Président de la Cour, ou par des magistrats spécialement désignés par eux. Le jugement de la Cour est sans appel. (Code d'Instruction criminelle, art. 479, 483, 484.)

Toutes les fois qu'un préposé est poursuivi en justice pour des faits commis soit dans l'exercice de ses fonctions, soit à raison de ces mêmes fonctions, il doit, quelque soit d'ailleurs le tribunal devant lequel il est cité, en référer immédiatement au chef de cantonnement qui lui prescrira la marche à suivre pour sauvegarder les priviléges de l'administration, s'il y a lieu d'invoquer la garantie.

15. *Responsabilité.* — Les gardes sont responsables des délits, dégâts, abus et abroutissements qui ont lieu dans leurs triages, et passibles des amendes et indemnités encourues par les délinquants, lorsqu'ils n'ont pas dûment constaté les délits. (C. for., art. 6.)

Nous avons vu au chapitre précédent comment un préposé fait constater, au moment de son installation, l'état du triage qu'il est appelé à surveiller ; tous les délits commis depuis cette constatation et qui n'auraient pas été l'objet de procès-verbaux réguliers, sont mis à la charge du préposé négligent. Il ne suffit pas même, pour que sa responsabilité soit couverte, qu'il ait reconnu et marqué de son marteau les souches des arbres ; rigoureusement, il devrait y avoir constatation par un procès-verbal, ainsi que nous l'avons dit précédemment.

La rédaction de ces actes n'est pas exigée d'une manière absolue pour les délits qui n'ont pas une grande importance, et l'administration n'use du droit qu'elle a de poursuivre les gardes, qu'autant qu'il y a de leur part un oubli grave et répété de leurs devoirs. Cependant les préposés devront ne jamais oublier les conséquences que peuvent entraîner leur négligence à constater les délits.

Les gardes poursuivis comme responsables de délits non constatés sont cités devant le tribunal de police correctionnelle et condamnés aux mêmes peines et dommages qu'ils auraient encourus s'ils avaient euxmêmes commis les délits qu'ils n'ont pas constatés.

L'action en responsabilité peut être exercée contre les préposés sans une autorisation expresse du Directeur général ; les agents n'agissant en ce cas que par suite d'une délégation de pouvoirs du chef de l'administration.

Les préposés ainsi poursuivis ne sont pas considérés comme auteurs des délits non constatés ; aussi ne jouissent-ils pas du privilége d'être jugés par la chambre civile de la Cour impériale, comme lorsqu'ils sont poursuivis pour crimes ou délits commis dans l'exercice de leurs fonctions.

16. *Peines disciplinaires.* — Les préposés forestiers de toute catégorie sont soumis au contrôle et à la surveillance de leurs supérieurs hiérarchiques ; comme conséquence de cette subordination, ceux-ci ont le

droit de leur infliger certaines punitions dans le cas où ils se seraient rendus coupables de quelque faute contre la discipline ou les règlements forestiers.

Les peines disciplinaires sont :

1° La réprimande simple, verbale ou écrite ;

2° La réprimande avec mise à l'ordre du jour ;

3° La retenue sur le traitement ;

4° La suspension ;

5° Le changement de résidence ;

6° La descente de grade ;

7° Le remplacement pur et simple ;

8° La révocation.

La réprimande verbale ou écrite peut être infligée aux préposés par tous leurs chefs.

La réprimande avec mise à l'ordre du jour dans la brigade, par les chefs de cantonnement, les inspecteurs et les conservateurs.

La réprimande contre les brigadiers et les gardes, avec publicité dans le cantonnement. par les inspecteurs et le conservateur, et dans l'inspection par le conservateur seul.

La réprimande avec toute latitude de publicité par le directeur général.

La retenue sur le traitement contre les brigadiers et gardes pour cinq jours au plus, par l'inspecteur, à charge d'en rendre compte au conservateur ; quinze jours au plus, par le conservateur, à charge d'en rendre compte au directeur général pour les préposés domaniaux, au Préfet pour les préposés communaux.

La retenue sur le traitement pour plus de quinze jours, par le directeur général, pour les préposés domaniaux, par le Préfet pour ceux des communes ; la retenue ne peut excéder deux mois de traitement. (Décret du 9 novembre 1853, art. 17.)

La suspension par le conservateur, à charge d'en rendre compte immédiatement au directeur général ou au Préfet, suivant qu'il s'agira de préposés domaniaux ou communaux.

Le changement de résidence, la descente de grade ou de classe, par le directeur général ou par le Préfet, chacun pour les employés à sa nomination.

Le remplacement pur et simple et la révocation, par le directeur général après délibération du Conseil d'administration pour les gardes domaniaux ; par le Préfet pour les gardes communaux. (Circul. n° 655, modifiée par le décret du 25 mars 1852.)

Le mode d'instruction des plaintes dont les gardes et brigadiers sont l'objet, a été réglé par les circulaires n°s 154 et 620. Il n'est statué sur la plainte qu'après que les préposés inculpés ont été mis en demeure de fournir leurs moyens de justification sur chacun des griefs qui leur sont imputés.

17. *Garde nationale.* — Les préposés forestiers sont exempts du service de la garde nationale. (Loi du 22 mars 1831, art. 12.)

18. *Réquisition pour le maintien de l'ordre.* — Ils peuvent être requis par le commissaire de police cantonnal et doivent l'informer sans retard de ce qui intéresse la tranquillité publique. (Décret du 28 mars 1852.)

Dans les circonstances ordinaires et lorsque la tranquillité publique n'est pas menacée, les commissaires de police devront, pour adresser aux préposés forestiers les communications qu'ils auraient à leur faire parvenir, employer l'intermédiaire des gardes généraux.

Ils ne pourront charger ces préposés de services de police étrangers à leurs fonctions.

Dans les cas de troubles, ils pourront les requérir directement comme auxiliaires de la force publique.

Les gardes forestiers adresseront directement et sans retard aux commissaires de police cantonnaux les renseignements intéressant la tranquillité publique qu'ils sont tenus de leur faire parvenir. (Règlement du 12 novembre 1853, circul. 727.)

Les préposés peuvent être employés comme les gendarmes et concurremment avec eux, pour tous les services de police et de justice civile et militaire. Ils peuvent donc être requis par MM. les Préfets, Sous-Préfets ou commandants militaires (Circul. 668), et convoqués sur tous les points où leur concours est nécessaire. (Lettre circul. du 12 décembre 1851.)

Les préposés forestiers requis par l'autorité militaire pour être employés à l'intérieur comme auxiliaires de la force publique pour le maintien de l'ordre, ont droit au bénéfice des dispositions stipulées au deuxième paragraphe de l'art. 8 de l'Ord. du 31 mai 1831 (Décret du 4 juin 1852); ces dispositions sont ainsi conçues : les prestations en nature, le logement, les indemnités pour pertes de chevaux et d'effets, la solde pour les journées d'hôpitaux leur seront allouées par le département de la Guerre, et leur solde actuelle leur sera conservée par le département des Finances.

Ces dispositions s'appliquent, non au cas accidentel où des préposés réunis pour quelques heures prêtent à l'ordre public le concours qu'ils lui doivent en toute occasion comme citoyens et employés au service de l'Etat, mais au cas où ils sont à la requête des autorités civiles, convoqués et mis à la disposition soit de ces autorités, soit des chefs de la garde nationale et de l'armée pour faire un service militaire entraînant un déplacement de plus d'un jour hors de leur résidence. (Circul. 688.)

19. *Tabacs.* — Les préposés forestiers sont tenus de rechercher les plantations frauduleuses de tabac qui se font dans les forêts et d'en informer le directeur des contributions indirectes ; ils participent à la répartition du montant de l'amende si les délinquants sont indiqués par eux, et dans le cas contraire, il est accordé une gratification aux gardes qui ont signalé les semis ou plantations. (Circul. n° 60, 119.)

Ils doivent aussi leur assistance aux préposés de la régie et des douanes pour la répression de la fraude en matière de tabacs.

Le droit de partage est assuré aux préposés dans toutes les saisies et confiscations auxquelles ils pourront contribuer, et il sera sévi contre ceux qui, par négligence ou une coopération coupable s'écarteraient des obligations qui leur sont imposées. (Circul. 227.)

Les procès-verbaux rapportés par les préposés forestiers pour constater les contraventions en matière de tabac doivent être rédigés dans les mêmes formes que ceux qu'ils dressent pour leur service ordinaire, ils doivent adresser ces actes au chef de cantonnement aussitôt après l'affirmation et l'enregistrement.

Il est accordé à tous individus qui arrêtent et concourrent à l'arrestation des colporteurs ou vendeurs de tabac de fraude une prime de 15 fr. par personne arrêtée ; mais cette prime n'est acquittée qu'autant que les contrevenants ont été constitués prisonniers.

Outre cette prime, il est alloué aux préposés étran-

gers à la régie des contributions indirectes , une gratification extraordinaire de 12 francs par chaque colporteur saisi hors du rayon des douanes , et ayant au
moins 30 kilogrammes de tabac, et de 3 fr. par chaque
chien chargé de tabac qu'ils auront détruit dans les
départements de l'Aisne, des Ardennes, de la Moselle,
du Nord , du Pas-de-Calais, du Bas-Rhin et des Vos-
ges. Les tabacs saisis doivent être transportés dans
l'entrepôt au chef-lieu de l'arrondissement dans lequel
la saisie a été effectuée, où ils sont expertisés pour le
prix en être réparti entre les verbalisants.

La moitié des amendes payées par les contrevenants est allouée aux employés qui ont opéré la saisie. (Circul. 355, 644.)

CHAPITRE III.

CONSTATATION DES DÉLITS.

SOMMAIRE.

Procès-verbaux. — Ecriture. — Signature. — Clôture. — Affirmation. — Enregistrement. — Transmission. — Rédaction des procès-verbaux. — Date. — Age des bois. — Flagrant délit. — Complicité. — **Désignation** des délinquants. — Récidive. — Saisies. — Séquestre. — Visites domiciliaires. — Réquisitions à la force publique. — Délinquants inconnus. — Foi due aux procès-verbaux. — Témoignages.

1. La constatation des délits est la partie la plus diffi·cile du service des préposés de l'administration forestière. C'en est aussi la plus importante, car la répression des délits dépend entièrement de l'activité qu'on met à les découvrir et du soin avec lequel on en signale les auteurs. Il ne suffit pas que les gardes reconnaissent tous les délits commis dans leurs triages ; il faut encore qu'ils les constatent par des actes réguliers qui prennent le nom de procès-verbaux.

2. *Procès-verbaux.* — Les procès-verbaux dressés par les gardes sont des actes authentiques auxquels est attachée une présomption légale de vérité.

Ils doivent être rédigés sur des formules imprimées fournies par l'administration et transmises aux préposés par les chefs de cantonnement (voir ch. II, § 6), les gardes suivront pour l'emploi de ces formules l'ordre des numéros inscrits par l'agent forestier.

3. *Écriture.* — Les procès-verbaux seront, autant que possible, écrits en entier de la main du garde rédacteur ; si toutefois il se trouve hors d'état d'écrire lui-même son procès-verbal, il peut le faire écrire par un tiers. (Voir § 5.)

L'écriture doit être soignée et aussi correcte que possible.

Il ne sera laissé aucun intervalle en blanc dans le corps de l'acte ; tous les renvois, ratures et surcharges seront approuvés et paraphés par le rédacteur. — Les dates seront inscrites en toutes lettres et non en chiffres ; il en sera de même des nombres et mesures ; les noms propres seront distingués par des caractères plus gros que le corps du procès-verbal.

4. *Signature.* — Dans tous les cas, la signature du préposé ou des préposés qui ont constaté le délit, doit être apposée sur les actes à la rédaction desquels ils ont concouru ; un procès-verbal non signé est radicalement nul.

Un procès-verbal dressé par plusieurs préposés et signé seulement par l'un d'entr'eux, est considéré comme dressé par ce signataire seul, les autres sont censés n'avoir pas concouru à sa rédaction.

5. *Clôture.* — Les procès-verbaux seront rédigés et clos le jour même de la reconnaissance du délit. (Ord., art. 181).

Toutefois, si les préposés reconnaissent un délit dont ils ne peuvent indiquer les auteurs, s'ils sont dans la nécessité de faire des recherches qui exigent un certain temps pour amener la découverte des délinquants, ils constateront les faits qu'ils auront reconnus, et renverront à une époque ultérieure la clôture de leur procès-verbal en indiquant les motifs de ce renvoi (Voyez *Exemple* **no** 24); le jour de la clôture est la véritable date du procès-verbal, aussi, doit-il être mentionné d'une manière formelle

Si le procès-verbal est clos le jour même de la reconnaissance du délit, la date de la clôture sera suffisamment indiquée par la formule, *clos à..... les jour, mois et an que dessus*. (Voyez *Exemple n° 5.*)

Si le procès-verbal n'est pas clos le jour même de la contatation du délit, on indiquera en toutes lettres la date de la clôture. (Voyez *Exemple n° 1.*)

Les procès-verbaux seront transcrits en entier sur le livret, — le numéro de la feuille dudit livret sur laquelle le procès-verbal est porté, sera inscrit en marge de cet acte dans la case à ce destinée.

6. *Affirmation.* — Les gardes affirmeront leurs procès-verbaux au plus tard le lendemain de la clôture desdits actes, par devant le juge de paix du canton ou l'un de ses suppléants, ou par devant le Maire ou l'Adjoint, soit de la commune de leur résidence, soit de celle où le délit a été commis et constaté, le tout sous peine de nullité (C. for., 165). Le rédacteur d'un procès-verbal, en affirmant cet acte, en certifie l'exactitude sous la foi du serment.

Si le procès-verbal n'a pas été écrit en entier de la main du garde, l'officier public qui recevra l'affirmation devra lui en donner préalablement lecture et faire mention de cette formalité, le tout à peine de nullité. (C. for., 165.)

Cette lecture a pour but de mettre les préposés qui ne savent pas rédiger eux-mêmes leurs procès-verbaux, à l'abri des surprises que pourrait entraîner leur défaut d'instruction ou la mauvaise foi du rédacteur;

elle leur permet aussi de rectifier les indications erronnées qui auraient pu leur échapper.

Lorsqu'un procès-verbal est dressé par un seul préposé et entièrement écrit de sa main, l'acte d'affirmation contiendra seulement la mention de la déclaration du garde rédacteur comme il est indiqué à l'*Exemple n° 1* (Affirmation.)

Si le procès-verbal est dressé par deux ou plusieurs préposés, l'officier public devant lequel cet acte est affirmé, en fera la lecture préalable et mentionnera cette formalité comme il est indiqué à l'*Exemple n° 2* (Affirmation.)

L'acte d'affirmation est daté et signé tant par l'officier public que par les gardes.

7. Les ratures, additions, renvois et rectifications opérés dans le corps du procès-verbal avant l'affirmation, doivent, à peine de nullité, être paraphés par l'officier public qui reçoit la déclaration des préposés.

Après l'affirmation, il ne doit être fait aucun changement au procès-verbal.

Les rectifications ou additions ultérieures, jugées nécessaires, ne peuvent êtres faites qu'au moyen d'un nouveau procès-verbal destiné à compléter le premier.

8. Dans le cas où les officiers de police judiciaire auraient négligé ou refusé de recevoir l'affirmation des procès-verbaux dans le délai prescrit par la loi, les gardes rédigeront procès-verbal du refus et adresseront sur-le-champ ce procès-verbal au chef de cantonnement. (Ord., art. 182.)

9. *Enregistrement.* — Les procès-verbaux seront, sous peine de nullité, enregistrés dans les quatre jours qui suivront celui de l'affirmation. (C. for., art. 170.)

Il résulte de cette disposition que l'affirmation doit

toujours précéder l'enregistrement du procès-verbal, et que cet enregistrement peut être fait pour dernier délai, le quatrième jour après l'affirmation; ainsi un procès-verbal affirmé le 20 pourra être enregistré le 24, mais il serait nul si l'enregistrement était daté du 25. Les préposés peuvent faire enregistrer leurs procès-verbaux au bureau du receveur de leur résidence ou au bureau le plus rapproché du lieu où ils se trouvent, même accidentellement. La loi leur laisse toute latitude à cet égard.

9. *Transmission.* — Lorsque le bureau de l'enregistrement est éloigné de la résidence des gardes, ceux-ci adressent quelquefois par la poste leurs procès-verbaux au receveur. Ce dernier les transmet après enregistrement, à l'agent forestier chef de cantonnement.

Ce mode de transmission offre de grands inconvénients; une fausse direction, un retard de la poste peut entraîner la nullité du procès-verbal. Les préposés n'emploieront la voie de la poste qu'autant qu'ils y auront été formellement autorisés par le chef de cantonnement, et que le receveur y aura consenti; sinon ils porteront eux-mêmes leurs actes à l'enregistrement et les expédieront immédiatement après à l'agent forestier leur supérieur.

9. Les préposés mentionneront sur leur livret l'enregistrement des procès-verbaux qu'ils ont dressés, et l'envoi de ces actes au chef de cantonnement. Cette mention s'opère de la manière suivante :

(*Date*)..... Fait enregistrer au bureau de...... (*nombre*) procès-verbaux, Nᵒˢ. ... à..... et transmis lesdits actes à M. le garde général à.....

10. Les gardes qui par leur faute ont occasionné la nullité d'un procès-verbal pour défaut d'enregistre-

ment dans les délais légaux , sont passibles d'une amende de 10 fr. (*Loi du 22 frimaire an VII*), ils peuvent être de plus actionnés en responsabilité pour les condamnations encourues par les délinquants.

12. *Rédaction des procès-verbaux.* — Nous indiquerons dans les chapitres suivants les renseignements spéciaux que doivent renfermer les procès-verbaux, selon la nature des délits qu'ils constatent ; mais nous devons d'abord faire connaître d'une manière générale les indications que ces actes doivent toujours contenir.

Ces indications sont relatives :

1° Au temps et au lieu des délits et contraventions ;

2° A la désignation des préposés qui les ont constatés ;

3° Aux circonstances particulières à chaque constatation ;

4° A la désignation des délinquants ;

5° A la nature du délit et aux suites de la constatation.

1° Indications relatives au temps et au lieu :

13. *Date.* — La première mention à inscrire sur le procès-verbal est celle de la date de la constatation du délit.

Nous avons vu au § 5 que cette date peut différer de celle de la rédaction et de la clôture du procès-verbal. Il n'est en effet pas absolument prescrit aux préposés de dresser leurs procès-verbaux le jour même de la découverte d'un délit, ils peuvent surseoir à clore ces actes jusqu'à ce qu'ils connaissent les délinquants ; mais ils doivent indiquer en tête de leurs procès-verbaux le jour et l'heure où le délit a été connu. L'heure peut être indiquée d'une manière aussi approchée que possible.

Il importe surtout que cette indication soit exactement donnée quand il s'agit d'un délit commis à une heure rapprochée du lever ou du coucher du soleil ; comme les peines encourues par les délinquants sont doublées quand le délit a été commis la nuit, c'est-à-dire entre le lever et le coucher du soleil, il faut que le procès-verbal *fasse* mention de cette circonstance aggravante.

Le lieu du délit s'indique par le nom de la forêt, du fleuve ou de la rivière où il a été constaté.

On fera connaître si la forêt ou le cours d'eau appartient à l'Etat, aux communes, aux établissements publics ou aux particuliers.

On donnera le nom sous lequel le canton ou le délit a été constaté, est le plus généralement connu, en désignant pour les forêts aménagées le numéro de la série et celui de la coupe, le territoire communal sur lequel se trouve ce canton.

15. *Age des bois.* — Il sera fait mention de l'âge des bois où le délit a été commis. — Dans les forêts traitées en taillis, l'âge se compte par le nombre d'années qui se sont écoulées depuis la dernière exploitation. Dans les forêts traitées en futaie, on prendra l'âge du peuplement le plus jeune et non celui des vieux bois qui le dominent.

2° Indications relatives à la désignation des préposés.

Après les mots *nous soussignés*, imprimés sur la formule, le rédacteur inscrira les noms et prénoms de tous les préposés qui ont concouru à la constatation du délit, en commençant par celui du grade le plus élevé ; il indiquera la résidence de chacun d'eux.

3° Indications relatives aux circonstances particulières des délits.

Le procès-verbal relatera, aussi exactement que

possible les circonstances dans lesquelles le délit a été reconnu. Ainsi, il fera connaître si les délinquants ont été surpris en flagrant délit.

16. *Flagrant délit.* — On appelle flagrant le délit qui se commet ou vient de se commettre. Un délinquant occupé à abattre un arbre ou à charger un arbre abattu est en flagrant délit ; il sera aussi considéré comme en flagrant délit s'il est rencontré dans la forêt porteur des bois qu'il y a coupés et des instruments dont il s'est servi.

Si le délit a été commis par plusieurs individus, le procès-verbal devra faire mention des circonstances qui constituent la complicité.

17. *Complicité.* — La complicité s'établit non seulement par la coopération des prévenus à un même délit, mais encore par l'aide qu'ils se prêtent, soit pour le commettre, soit pour échapper à ses conséquences. Des individus étrangers les uns aux autres qui coupent des arbres, font pacager des bestiaux, etc., dans un même canton, seront considérés comme complices s'ils se prêtent assistance (Voir *Exemple n° 1*), s'ils s'avertissent réciproquement de l'approche des gardes ; les procès-verbaux devront donc relater tous les faits qui prouvent de la part des délinquants une commune entente, une action concertée ; de l'exactitude de ces indications dépend l'application de la solidarité, c'est-à-dire de la responsabilité réciproque de tous les délinquants. — Si la complicité est suffisamment prouvée, chacun d'eux est solidairement responsable des condamnations encourues par tous les autres. Si, au contraire, rien n'établit une entente commune, chacun n'est passible que des condamnations qui lui sont personnelles.

2.

18. 4° Indications relatives à la désignation des déliuquants.

Les prévenus doivent être désignés par leurs noms, prénoms, profession et demeure. — Si l'auteur du délit est une femme mariée, un enfant mineur, un ouvrier ou un domestique, les noms, prénoms, professions et demeures des maris, pères, mères ou maîtres seront indiqués. Comme les pères, mères, tuteurs, maris, maîtres et commettants sont responsables civilement des condamnations prononcées contre leurs enfants mineurs et pupilles demeurant avec eux, ouvriers, voituriers et autres subordonnés, il importe que les procès-verbaux contiennent les renseignements propres à assurer l'application de cette responsabilité. (C. for., art. 206.)

Il est utile de faire connaître au moins approximativement l'âge des délinquants. Cette indication peut servir à apprécier s'ils ont agi avec discernement dans le cas où ils ont moins de seize ans.

19. *Récidive.* — Le rédacteur d'un procès-verbal fera toujours connaître si les prévenus sont en état de récidive, c'est-à-dire si dans les douze mois précédents il a été rendu contr'eux un jugement de condamnation pour contravention ou délit forestier. La circonstance de la récidive double la peine encourue. (C. for., 200.)

Le procès-verbal devra mentionner la date du dernier jugement rendu contre les délinquants.

Il n'est pas toujours possible aux préposés d'indiquer exactement cette date qui peut ne pas leur être connue, mais ils ont toujours la facilité de s'assurer, au moyen de l'examen de leur livret, s'ils ont dressé dans les douze mois précédents, des procès-verbaux contre ces mêmes délinquants. Ils inscriront, dans ce dernier cas, la date et le numéro du dernier procès-verbal. (Voir *Exemple n° 4.*)

20. 5° Indications relatives à la nature particulière du délit et aux suites de la constatation.

Les procès-verbaux contiendront, suivant la nature du délit, tous les renseignements qui le caractérisent. Nous indiquerons ces renseignements d'une manière spéciale dans les chapitres suivants, où nous examinerons chaque délit en particulier. Nous nous bornerons donc ici à mentionner, d'après l'instruction placée en tête du livret des gardes, celles de ces indications qui ont un caractère commun de généralité.

Pour les enlèvements et abatages de bois, les gardes feront connaître l'âge, la grosseur et la quantité des bois objets du délit.

Les instruments, voitures et attelages employés pour le commettre.

Pour les extractions de produits quelconques, ils indiqueront la nature des productions extraites, coupées ou enlevées et leur quantité.

Pour les délits de pâturage, le nombre, l'espèce et le signalement des animaux trouvés dans les bois, l'âge de ces bois.

S'il s'agit de délits de chasse, l'espèce d'armes, de piéges, de chiens employés, et l'espèce de gibier pris ou chassé. S'il s'agit de délit de pêche, les filets, engins, drogues et appâts employés, l'espèce du poisson et sa longueur métrique.

Dans tous les cas, le procès-verbal mentionnera les déclarations et aveux des prévenus.

Le rédacteur du procès-verbal fera enfin connaître les suites données à la constatation des délits en indiquant s'il a été procédé suivant les règles tracées dans les paragraphes qui suivent, à la saisie et à la mise en séquestre des attelages, bestiaux, bois et instruments du délit.

21. *Saisies*. — Il est prescrit aux préposés de saisir les scies, haches, serpes, cognées et autres instruments de même nature, dont les délinquants ou leurs complices sont trouvés munis. (C. for., art. 198.)

Les gardes ne sont toutefois pas obligés d'opérer dans tous les cas la saisie effective des instruments dont les délinquants sont armés ; ils exigeront la remise de ces instruments lorsqu'ils seront en état de faire respecter leur autorité, mais ils éviteront de se compromettre dans des luttes corporelles.

Si le désarmement présente des difficultés, ils se borneront à déclarer la saisie et indiqueront la nature et le nombre des instruments en constatant que les délinquants ont refusé de leur en faire la remise. (Voir *Exemple n° 3*.)

Les armes, outils et instruments saisis seront déposés aux greffes des tribunaux. Ce dépôt est effectué par les chefs de cantonnement, à qui les gardes transmettent les objets capturés sur les délinquants.

Afin d'éviter les erreurs et les réclamations qui pourraient s'élever si, en cas d'acquittement des prévenus, la restitution des objets saisis venait à être ordonnée, et aussi pour que les greffiers puissent accepter le dépôt en reconnaissant la validité de la capture, les préposés auront soin d'indiquer, par une étiquette attachée à chaque objet, le numéro du procès-verbal qui en a constaté la saisie.

Toute saisie d'instruments, armes et engins quelconques, même abandonnés par les délinquants inconnus, doit être constatée par un procès-verbal en forme.

Les préposés forestiers sont autorisés à saisir les bestiaux trouvés en délit et à les mettre en séquestre. (C. for., 165.)

Les voitures, instruments et attelages seront saisis et mis en séquestre toutes les fois que les propriétaires ne sont pas d'une solvabilité notoire.

Les animaux dont les propriétaires sont inconnus ; les bois et productions forestières enlevés par les délinquants seront toujours saisis et mis en séquestre.

22. *Séquestre.* — On dit qu'un objet est mis en séquestre lorsqu'il est confié à la garde d'une personne qui s'oblige volontairement à le représenter à toute réquisition légale.

La saisie effective des bestiaux ne présente d'autres difficultés que la conduite en un lieu sûr de ces animaux. La saisie réelle des bois de délit s'effectue plus rarement, à raison des difficultés du transport. — Les préposés ignorent en général qu'ils peuvent faire transporter, aux frais de l'administration, les objets qu'ils saisissent, jusqu'au domicile du séquestre ; s'ils employaient plus souvent ce moyen, les délinquants ne profiteraient pas, comme ils le font journellement, des produits de leurs vols, et la répression se trouverait assurée d'une manière bien plus efficace. Les frais de ce transport sont acquittés comme nous l'indiquerons ci-dessous, pour ceux de séquestre.

La mission de séquestre est toute facultative et ne peut être imposée.

Les préposés apporteront une grande circonspection dans le choix des personnes qu'ils établiront *séquestres*, et devront s'attacher à ce qu'elles soient solvables. Il importe en effet que l'administration puisse exercer son recours contre le séquestre s'il laisse enlever ou dépérir les objets qui lui sont confiés.

Lorsque les préposés auront saisi des bestiaux et qu'ils auront trouvé une personne sûre qui consente à accepter la mission du séquestre, ils devront dresser leur procès-verbal qui contiendra, après les renseignements relatifs à la constatation du délit :

1° La désignation détaillée des animaux en indiquant l'espèce, le nombre, le sexe, la couleur, les marques particulières, le harnachement, s'il y a lieu ;

2° L'indication de la personne qui en est propriétaire si elle est connue, ou la mention qu'on n'a pu la connaître ;

3° Les noms, profession et demeure de l'individu à la garde duquel les bestiaux auront été confiés.

Ce procès-verbal sera fait sans déplacer. Mention sera faite de l'heure de sa clôture, le gardien signera le procès-verbal et s'il ne sait signer il en sera fait mention.

Le garde fera, séance tenante, deux copies du procès-verbal, il les signera ; l'une d'elles sera remise au séquestre ; la seconde, revêtue de la signature de ce dernier ou de la mention qu'il ne sait signer, sera remise dans les vingt-quatre heures au greffe de la justice de paix.

Les procès-verbaux de saisie de bestiaux doivent être transmis sans délai au chef de cantonnement, qui prend les mesures nécessaires pour faire procéder à la vente.

La mise en séquestre de bois saisis s'opère comme pour les bestiaux, le signalement des animaux est seulement remplacé par l'indication exacte des essences, dimension et quantité des bois.

Les frais de séquestre sont acquittés par l'administration, sur un mémoire que le séquestre devra soumettre à la taxe du juge de paix.

23. *Visites domiciliaires.* — Les gardes sont autorisés à suivre les objets enlevés par les délinquants jusque dans les lieux où ils auront été transportés, et à les mettre en séquestre. Ils ne pourront néanmoins s'introduire dans les maisons, bâtiments, cours adjacentes et enclos, si ce n'est en présence soit du juge de paix ou de son suppléant, soit du Maire ou de son adjoint, soit du commissaire de police. (C. for., 161.)

Le droit conféré par la loi, aux préposés de l'administration forestière, de suivre et de rechercher les objets enlevés, ne s'étend pas au-delà du territoire des arrondissements où ils peuvent légalement exercer leurs fonctions, c'est-à-dire de ceux où ils sont accrédités par la prestation de serment et l'enregistrement de leur commission : partout ailleurs ils sont sans qualité.

. La présence d'un des fonctionnaires indiqués dans l'art. 161, est indispensable pour donner aux préposés le droit de s'introduire dans les bâtiments, cours et enclos ; ce droit ne peut être exercé que pendant le jour.

Cependant, les gardes peuvent s'introduire soit le jour, soit la nuit dans les fours à chaux et à plâtre, briqueteries et tuileries, loges, barraques et hangars, construits à moins d'un kilomètre et dans les scieries établies à 2 kilomètres des bois et forêts, pourvu qu'ils se présentent au nombre de deux au moins.

Un garde seul peut visiter les établissements mentionnés ci-dessus, s'il est assisté de deux témoins domiciliés dans la commune. (C. for., 157.)

Ce droit exceptionnel de visite ne s'étend pas aux fermes et maisons d'habitation, non plus qu'aux scieries qui font partie d'un village ou hameau.

Les fonctionnaires requis pour assister les préposés dans les visites qu'ils veulent faire ne peuvent refuser leur concours, ils sont tenus de signer le procès-verbal de la perquisition faite en leur présence, sauf au garde en cas de refus de leur part, à en faire mention au procès-verbal. (C. for., 162.)

24. *Refus de concours.* — Dans le cas où les officiers de police judiciaire désignés dans l'art. 161 du Code forestier, refuseraient après avoir été légalement requis, d'accompagner les gardes dans leurs visites et perquisitions, les gardes rédigeront procès-verbal du refus et adresseront sur-le champ ce procès-verbal à l'agent forestier qui en rendra compte au procureur impérial (Ord., 182). — Ce procès-verbal devra être rédigé de la manière la plus concise et faire connaître simplement le refus opposé par le fonctionnaire légalement requis.

La réquisition peut être verbale, elle ne sera écrite que sur la demande expresse du magistrat. — L'assistance des fonctionnaires désignés par l'art. 161 n'a pour objet que de légaliser l'introduction des gardes dans le domicile des citoyens, les magistrats ne concourent en rien à la perquisition et à la constatation des délits; leur rôle se borne à requérir au nom de la loi l'ouverture des portes, à faire ouvrir en vertu de leur autorité celles que les habitants refusent d'ouvrir de plein gré.

Les gardes peuvent procéder à des perquisitions en présence du chef de maison et sans l'assistance des magistrats, si celui-ci n'y met pas obstacle. Mais le procès-verbal de visite devra mentionner son consentement.

Ils ne doivent jamais procéder sans l'assistance des magistrats, si le chef de maison est absent. — Nous avons cru devoir entrer dans de grands détails au sujet du droit de visite, à raison de la haute importance que peut avoir pour les préposés l'oubli des prescriptions de la loi.

La violation, même légale, du domicile des citoyens, est un acte sérieux, et que des motifs graves peuvent seuls justifier.

Certains préposés n'hésitent pas quelquefois à opérer des visites domiciliaires sur une grande échelle, pour la recherche de délits de peu d'importance, et sans autre indication que la découverte des souches laissées sur pied. Alors leurs perquisitions s'étendent sur tout un village, au grand mécontentement des personnes dont le domicile est envahi et des magistrats que leur devoir oblige à assister à des visites pénibles et souvent sans résultat. Nous ne saurions approuver une pareille manière d'agir. Les visites domiciliaires ne doivent être faites qu'autant qu'il s'agit de constater des délits d'une certaine gravité, elles ne doivent porter que sur les maisons dont les propriétaires sont soupçonnés ; elles ne doivent surtout jamais affecter un caractère de tracasserie qui indispose contre les employés de l'administration.

25. *Réquisition.* — Les préposés de l'administration des forêts ont le droit de requérir directement la force publique pour la répression des délits et contraventions en matière forestière, ainsi que pour la recherche et la saisie des bois coupés en délit, vendus ou achetés en fraude. (C. for., art. 164.)

Leur réquisition doit être adressée au commandant de la force publique du lieu. Elle peut être verbale ou écrite. — La gendarmerie ne prête son concours que sur une réquisition écrite dont nous indiquons la formule au n° 25 des Exemples.

26. *Arrestation.* — Les gardes arrêteront et conduiront devant le juge de paix ou **devant le Maire**, tout inconnu qu'ils auront surpris en **flagrant délit. (C. for.,** art. 163.)

Ils arrêteront de même tout individu pris en **flagrant** délit ou dénoncé par la clameur publique, si le délit entraîne l'emprisonnement ou une peine plus grave. (Code d'inst. crim., art. 16.)

Ils constitueront prisonnier tout fraudeur et colporteur de tabac et le conduiront sur-le-champ devant l'officier de police judiciaire le plus rapproché du lieu de l'arrestation. (Loi du 28 avril 1816.)

Le droit d'arrestation conféré aux préposés forestiers a pour objet soit de faciliter la désignation des délinquants inconnus, soit de mettre sous la main de la justice les criminels ou les fraudeurs. Les personnes arrêtées sont amenées devant le magistrat qui s'assure de leur identité, et prend à leur égard telles mesures qu'il juge convenable ; les préposés rédigent leur procès-verbal s'il s'agit de délits forestiers.

27. *Délinquants inconnus.* — Les délits dont les auteurs sont inconnus doivent être constatés par des procès-verbaux réguliers.

Quoique écrite dans le livret des gardes. cette prescription n'est pas suivie à la lettre dans la pratique. On conçoit en effet que la rédaction des nombreux procès-verbaux que nécessiterait la constatation régulière de tous les délits minimes dont les auteurs restent inconnus, occasionnerait aux préposés un travail considérable et sans utilité. En général , ils se contentent d'apposer sur les souches l'empreinte de leur marteau et de faire mention sur leurs registres de la reconnaissance du délit. Ce mode d'opérer nous semble suffisant pour couvrir, dans la plupart des cas , la responsabilité des gardes. Mais s'il se commet dans leur triage des délits importants, les préposés devront les constater par des procès-verbaux en règle, et justifier des diligences faites pour en reconnaître les auteurs.

28. *Foi due aux procès-verbaux.* — Les procès-verbaux revêtus de toutes les formalités prescrites par les art. 165 et 170 et qui sont dressés et signés par deux préposés font preuve jusqu'à inscription de faux des faits matériels relatifs aux délits et contraventions qu'ils constatent (C. for., 176). Ceux qui sont dressés et signés par un seul préposé, feront de même preuve jusqu'à inscription de faux, mais seulement lorsque la contravention n'entraînera pas une condamnation de plus de 100 fr. (C. for., 177.)

Si les contraventions s'élèvent à plus de 100 fr., des procès-verbaux peuvent être corroborés et combattus par toutes les preuves légales (C. for., 178).

Les procès-verbaux dressés par les gardes sont des actes authentiques auxquels est attachée une prescription légale de vérité, présomption tellement complète, si la constatation du délit a été faite par deux préposés ou même par un seul lorsque les condamnations encourues sont inférieures à 100 fr., que les prévenus n'ont même pas le droit de contester les énonciations de ces actes. Lorsqu'au contraire, un procès-verbal qui entraîne des condamnations supérieures à 100 fr. est dressé par un seul préposé, le prévenu peut être admis à combattre par les preuves légales les assertions du garde.

On conçoit aisément que la loi n'ait pas voulu donner à un préposé seul, le droit de contater dans tous les cas et sans que ses assertions puissent même être discutées, des délits qui peuvent être suivis de condamnations graves, tandis qu'elle a admis comme authentiquement établis les faits avancés par deux préposés et même ceux qui sont constatés par un seul lorsque les condamnations encourues sont inférieures à 100 fr.

Les préposés doivent se rendre dignes de la confiance que la loi accorde à leurs actes en les rédigeant avec un soin scrupuleux. Un procès-verbal ne doit jamais rien contenir qui ne soit de la plus exacte vérité ; les indications hasardées en seront complètement bannies; les rédacteurs doivent relater les faits qu'ils ont vus , les opérations auxquelles ils ont concouru et rien de plus, c'est au reste à raison seulement des faits matériels constatés que les procès-verbaux font foi jusqu'à inscription de faux ; quand un préposé certifie qu'il a trouvé et reconnu un délinquant, qu'il a mesuré la grosseur d'un arbre, son assertion est admise comme légalement vraie ; mais s'il fait des appréciations, s'il évalue la grosseur d'un arbre qu'il n'a pas mesuré, s'il constate l'identité de bois provenant d'une souche sans la prouver par un retocage réellement effectué , ou par des indications précises tirées de signes matériels de cette identité , ce sont là de simples appréciations qui peuvent être contredites ; les préposés, en effet, ont pu se tromper dans leurs appréciations, tandis que l'erreur n'est pas admissible quand il s'agit de faits qui tombent sous les sens. Ce sont ces derniers seulement dont les prévenus ne sont pas admis à contester l'exactitude.

Pour que les préposés soient en état de reconnaître si les délits qu'ils constatent entraîneront à une condamnation supérieure à 100 fr., et si par conséquent leurs procès-verbaux font foi jusqu'à inscription de faux, il faudrait qu'ils eussent sur la législation forestière des connaissances que ce recueil n'est pas destiné à leur donner.

Les détails dans lesquels nous sommes entrés au sujet de la foi due aux procès-verbaux doivent suffire pour leur faire comprendre qu'il est utile que les gardes réclament, quand ils le peuvent, le concours de leurs collègues, pour constater les délits de quelque importance. Mais lorsque cette assistance est impossible, le préposé qui aura reconnu le délit dressera son procès-verbal, sauf à en appuyer plus tard les assertions par les témoignages qu'il pourra produire.

29. *Témoignage.* — Le rédacteur d'un procès-verbal est souvent cité comme témoin pour éclaircir certains faits que cet acte ne prouve pas d'une manière suffisante. Le préposé ainsi appelé devant le tribunal, donnera les explications qui lui seront demandées, il évitera les détails insignifiants pour s'attacher aux circonstances principales des délits ; il se montrera enfin plus désireux de faire connaître la vérité au magistrat qui l'interroge, que de soutenir les assertions contenues dans son procès-verbal. Un garde dont la bonne foi et la véracité sont connues du tribunal, est toujours sûr de voir son témoignage accueilli avec confiance.

30. La surveillance des forêts et la constatation des délits qui s'y commettent sont, comme nous l'avons dit en tête de ce chapitre, les parties les plus importantes

et les plus difficiles du service des préposés. La surveillance demande une activité soutenue , une grande fermeté.

La constatation exige de la pénétration et beaucoup de prudence.

C'est sans cris, sans emportement qu'un bon garde doit s'acquitter de ses fonctions ; il doit se montrer sévère, mais jamais violent vis-à-vis des délinquants.

— Il évitera les altercations toujours inutiles et souvent dangereuses, rien n'est plus propre à inspirer le respect et la crainte, qu'un homme qui ne menace jamais et qui sait punir en restant calme et froid.

CHAPITRE IV.

CITATIONS ET SIGNIFICATIONS.

SOMMAIRE.

Remises de copies. — Cas divers. — Enregistrement — Frais de citations.

1. Les préposés de l'administration forestière peuvent dans les actions inténtées en son nom, faire toutes citations et significations d'exploits. (C. for., art. 173.)

Ils ne peuvent néanmoins instrumenter que dans l'arrondissement des tribunaux près desquels ils sont accrédités, soit par le serment, soit par l'enregistrement d'un serment antérieur.

2. Les actes à raison desquels les préposés ont l'occasion de délivrer des exploits, sont en matière correctionnelle :

1º **Les** assignations à comparaître devant les tribunaux correctionnels et la cour d'appel ;

2º **Les** significations de jugements par défaut ;

3º **Les** citations à témoins ;

4º **Les** oppositions aux jugements par défaut.

En matière administrative :

1º **Les** citations à récolement ;

2º **Les** significations d'arrêtés préfectoraux ordonnant la délimitation ou le bornage ;

3° Les significations des oppositions au défrichement ;

4° Les significations d'arrêtés préfectoraux mettant
les entrepreneurs ou adjudicataires en demeure d'exécuter dans un délai déterminé les travaux à leur charge.

3. *Remise de copies.* — Les agents transmettent aux
préposés les originaux et les copies d'actes qu'ils doivent signifier ; le rôle de ces derniers se borne à faire
aux personnes désignées la remise des copies qui leur
sont destinées.

Les gardes citateurs s'assureront d'abord de l'exactitude des copies, il est important qu'elles soient en tout
conformes aux originaux et lisiblement écrites ; puis
ils procéderont à la remise de ces copies aux parties
intéressées.

Cette remise doit être constatée tant sur l'original
que sur la copie, en inscrivant après les mots *parlant à*,
les noms et qualités de la personne à qui cette remise
est faite.

Les originaux comme les copies doivent être datés
et revêtus de la signature du citateur.

4. La signification a pour but de mettre la personne
à qui elle est faite, en demeure, soit de se présenter
devant les tribunaux pour répondre sur les faits qu'elle
a commis ou vu commettre (assignations, citations à
témoins), soit d'être présente à certaines opérations
auxquelles elle a intérêt à assister (citations à récolement, délimitation, bornage).

Soit enfin, de se conformer à certaines obligations
imposées par la loi ou les décisions prises conformément aux lois (oppositions au défrichement, significations de jugements par défaut, d'arrêtés préfectoraux,
etc., etc.)

Le législateur a dû prescrire toutes les mesures nécessaires pour que les parties ne puissent ignorer les
assignations qui les concernent ; c'est pourquoi il a
exigé que la remise de ces actes soit faite directement
aux intéressés , autant que possible , et dans tous les
cas à leur domicile. Ce n'est qu'en cas d'impossibilité
que la remise à la personne ou au domicile peut être
remplacée par des formalités que nous indiquerons en
examinant successivement les différents cas qui peuvent se présenter.

5. *Cas divers.* — Si le garde citateur rencontre en
son domicile la personne citée , il lui remet la copie de
l'exploit après avoir rempli comme nous l'avons dit
plus haut le *parlant à*, mentionné la date de cette remise et signé ; les mêmes mentions sont inscrites sur
l'original. (Voyez *Exemple* n° 1 , *verso* n° 1.)

6. La personne est absente du domicile, mais il s'y
trouve soit un membre, soit un serviteur de la famille.

Le citateur indiquera, tant sur l'original que sur la
copie, les noms de la personne ainsi trouvée au domicile, et tout au moins les relations qui existent entre
elle et la partie assignée ; si le garde connaît les noms
de la personne à qui il laisse la copie et les rapports
qu'elle a avec la partie citée, il les indiquera comme
au n° 2 du modèle n° 1 , verso.

S'il connaît seulement les liens de parenté , d'al-
liance ou de domesticité qui existent entre cette personne et la partie assignée , le citateur se bornera à
mentionner la nature de ces rapports, comme au n° 3
du modèle 1 ; si , enfin , il n'a pas une connaissance
personnelle de ces rapports , il suffira d'indiquer,
comme dans les *Exemples* n° 1 , art. 4, et *Exemple*
n° 3 , articles 1 et 2 , la qualité que la personne ainsi

3.

trouvée au domicile s'est attribuée, en faisant suivre cette mention des mots *ainsi déclaré*.

Les citateurs ne sont pas obligés de s'assurer de l'exactitude des réponses faites par les personnes à qui ils laissent la copie : du moment que ces personnes sont trouvées au domicile de la partie assignée, et qu'elles affirment qu'elles font partie de la maison, soit comme parents, soit comme domestiques, il y a présomption que leur assertion est exacte. Le citateur n'a qu'à constater la réponse.

7. La personne assignée est absente du domicile — il ne s'y trouve aucun de ses parents ou serviteurs.

Le citateur, après avoir constaté qu'il n'a trouvé personne au domicile de la partie, et mentionné cette circonstance sur son exploit, fera la remise de sa copie à l'un des plus proches voisins en l'invitant à signer l'original. Voy. *Exemple* n° 2, art. 1, verso. — La signature du voisin est exigée, à peine de nullité. — Si le voisin ne sait pas ou ne veut pas signer, s'il ne veut pas recevoir la copie, le citateur l'indiquera sur son exploit et remettra la copie au Maire de la commune, qui devra signer l'original. Voy. *Exemple* n° 3, art. 3.

En cas d'absence du Maire, le préposé fera la remise de la copie à l'adjoint, et enfin, en l'absence de ce dernier, aux conseillers municipaux, en suivant l'ordre d'inscription.

8. Enfin, il peut se présenter un dernier cas : c'est celui où le domicile de la partie assignée est mal indiqué. Le préposé citateur devra dans cette circonstance renvoyer l'original et les copies qui y sont jointes au chef de cantonnement, en accompagnant les pièces d'un certificat du Maire constatant que la personne désignée n'habite pas ou n'habite plus la com-

mune, et indiquant soit son domicile actuel, soit l'impossibilité de le connaître.

9. Les préposés devront mettre la plus grande célérité à signifier les actes qui leur sont transmis ; les délais légaux sont quelquefois près d'expirer quand on leur adresse les actes : le moindre retard peut entraîner des nullités.

10. *Enregistrement.* — Lorsque la remise des copies est terminée, l'original de la signification doit être soumis à l'enregistrement dans le délai de quatre jours.

Les préposés citateurs qui laisseraient passer ce délai sont passibles d'une amende de 5 fr. (Loi du 16 juin 1824, art. 16) ; ils encourent de plus la responsabilité des instances que leur négligence a pu faire périmer.

12. La remise des exploits à la personne ou au domicile doit être faite par les citateurs eux-mêmes. Ceux qui confieraient à des tiers la remise des copies, quand bien même cette remise aurait lieu en leur présence, sont passibles de poursuites devant le tribunal correctionnel.

Les exploits des préposés forestiers doivent être écrits à l'encre et d'une manière lisible ; — les indications faites au crayon sont considérées comme nulles.

Les préposés inscriront sur leur livret les significations faites par eux, comme il a été indiqué au chapitre II, § 4 ; ils renverront sans retard les originaux dûment enregistrés au chef de cantonnement.

12. *Frais.* — Les rétributions dues aux gardes de l'administration des forêts pour les citations et significations d'exploits sont taxées comme pour les actes faits par les huissiers.

Cette partie du service est ordinairement confiée

aux brigadiers, mais les gardes simples peuvent aussi faire les significations lorsque à raison des distances ou de tout autre empêchement, les brigadiers ne peuvent en être chargés ; il est attribué aux brigadiers et gardes 50 centimes par chaque citation ou signification , il n'est pas alloué de frais de voyage aux préposés, à moins que le déplacement n'ait été ordonné par un mandat spécial du ministère public, et dont le motif sera rappelé dans l'état de frais auquel ce mandat devra être annexé. (Décision ministérielle du 7 mars 1854.)

Aucun préposé ne peut recevoir plus de 100 fr. par frais de citation, quelque soit le nombre de celles qu'il a faites. — La répartition des actes à signifier doit être faite en conséquence. (Circul. n° 405.)

CHAPITRE V.

SURVEILLANCE GÉNÉRALE.

SOMMAIRE.

Coupe et enlèvement de bois. — Arbres de 2 décimètres et au-dessus. — Usage de la scie. — Souchetage. — Identité. — Coupe et enlèvement de bois de moins de 2 décimètres. — Coupe de plants. — Arrachis de plants. — Vols de bois. — Port de scies, etc. — Mutilation, écorcement d'arbres. — Enlèvement de chàblis et bois de délit. — Extraction et enlèvement de produits autres que les bois. — Introduction de voitures et bêtes de somme dans les forêts. — Feu à distance prohibée. — Incendies. — Refus de secours. — Elagages. — Constructions à distance prohibée. — Exceptions. — Scieries, Surveillance. — Pâturage. — Droits de parcours. — Garde séparée. — Marques. — Clochettes. — Commerce de bestiaux. — Nombre de bestiaux. — Dégradations. — Usurpations. — Rebellion, Injures, Menaces.

1. De tous les délits qui peuvent être commis dans les forêts, ceux qui sont désignés sous le nom général de *délits de coupe et enlèvement de bois*, sont les plus fréquents. Ce sont aussi ceux dont la constatation présente le plus de difficultés.

Nous allons faire connaître ici les renseignements spéciaux que doivent contenir les procès-verbaux dressés à raison d'infractions de cette nature, en examinant, d'après les textes de la loi, les circonstances caractéristiques de ces infractions, afin de faire comprendre pourquoi les procès-verbaux doivent les indiquer.

Il est bien entendu que cet examen ne portera que

sur celles de ces circonstances qui sont spéciales aux délits dont il s'agit, et non sur celles plus générales qui peuvent se présenter dans la constatation de tous les délits. Les détails dans lesquels nous sommes entrés dans le chapitre précédent, nous dispenseront de répéter pour chaque nature d'infraction ce que nous avons dit relativement aux indications à donner sur le lieu et l'heure des délits, la désignation des délinquants, les particularités de chaque contravention et les formalités qui suivent la constatation.

2. *Coupe et enlèvement de bois.* — Le Code forestier distingue quant à l'application de la peine, deux catégories de délits de coupe et enlèvement de bois, suivant que ces bois ont 2 décimètres et plus de circonférence, ou qu'ils sont d'une dimension inférieure à 2 décimètres.

Pour les bois de 2 décimètres et au-dessus, la peine se détermine d'après l'essence et la circonférence des arbres coupés ou enlevés. (C. for., 192.)

Pour les bois de moins de 2 décimètres, la peine est fixée suivant leur quantité, évaluée d'après le mode d'enlèvement. (C. for., 198.)

Il faut donc que les procès-verbaux fassent exactement connaître, dans le premier cas, l'essence et la grosseur de tous les arbres abattus en délit, et que, dans le second, ils en indiquent exactement la quantité.

Pour faciliter l'intelligence de ces distinctions, nous examinerons un cas assez simple de constatation : celui d'un délinquant rencontré au moment où il commet le délit d'abattage d'un arbre de plus de 2 décimètres, et nous déduirons de l'examen du procès-verbal dressé en ces circonstances, les règles qui doivent guider dans les cas plus compliqués.

3. *Arbres de 2 décimètres et au-dessus.* — Après avoir fait connaître le jour, le lieu et l'heure où il a reconnu le délit, et désigné les délinquants, le rédacteur du procès-verbal indiquera le nombre, l'essence et la grosseur des arbres dont l'abattage est effectué ou commencé.

La désignation des essences ne doit présenter aucune difficulté ; les gardes connaissant toutes les espèces principales des arbres qui se trouvent dans leurs triages.

La grosseur des arbres se mesure à la chaîne et s'exprime en décimètres.

Le procès-verbal doit indiquer d'une manière précise que le préposé a procédé au mesurage ; ainsi il ne suffit pas que le rédacteur exprime qu'il a vu couper un arbre mesurant 5 décimètres de tour, il faut qu'il dise qu'il a mesuré cet arbre, et qu'il lui a trouvé une circonférence de 5 décimètres.

4. La circonférence se mesure à 1 mètre du sol si les arbres sont encore sur pied ou s'ils sont gisants ; elle se mesure sur la souche si les bois sont enlevés et façonnés.

Si la souche elle-même est enlevée et si l'on trouve l'arbre équarri, le tour sera calculé dans la proportion d'une cinquième en sus de la dimension totale de l'arbre équarri. (C. for., 193.)

Si enfin la souche et le corps de l'arbre sont enlevés, la dimension sera donnée par celle des écorces et copeaux trouvés sur le lieu du délit, par les traces de l'extraction, et enfin par les renseignements que le rédacteur du procès-verbal aura pu se procurer, soit auprès des délinquants eux-mêmes, soit auprès des personnes qui auront vu exploiter, enlever ou façonner l'arbre. (C. for., 193.)

5. La valeur des arbres doit être indiquée. On la déterminera par le prix des bois de même nature sur le lieu du délit. Le procès-verbal fera aussi connaître si l'abatage ou l'enlèvement a occasionné du dommage, il en indiquera le montant. Ce dommage s'évalue d'après l'importance que les bois abattus pouvaient avoir pour le maintien du massif, il dépend aussi de l'âge et de la vigueur de ces bois. — L'enlèvement de bois morts ou dépérissants peut n'occasionner aucun dommage ; celui de brins de semis, d'arbres d'avenir ou de porte-graines destinés à compléter le couvert de cantons à repeupler, cause au contraire un dommage considérable. — Le garde fera donc connaître si les bois abattus étaient vifs ou secs.

Son procès-verbal indiquera les instruments employés par les délinquants.

6. *Usage de la scie.* — Cette désignation est surtout importante si ces derniers ont fait usage de la scie, car l'emploi de cet instrument entraîne une amende double. (C. for., 201.)

Le rédacteur du procès-verbal fera connaître si la saisie des instruments de délit a été effectuée ou s'ils ont été laissés entre les mains des délinquants. Il indiquera enfin s'il a apposé sur les bois abattus ou enlevés l'empreinte de son marteau, et si ces bois ont été abandonnés par les délinquants ou s'ils ont refusé de s'en dessaisir. (Voyez *Exemple n° 1.*)

Dans le cas fort simple où le délinquant est trouvé en flagrant délit d'abatage, tous les éléments de la constatation se trouvent réunis et les préposés n'ont qu'à relater les faits dont ils ont été témoins. Mais si, comme il arrive fréquemment, les gardes n'ont pas vu opérer l'abatage, ils ne peuvent établir la culpabilité des personnes qu'ils trouvent en possession des bois enlevés qu'en prouvant l'identité de ces bois avec ceux pris en forêt; cette identité ne peut s'établir qu'à l'aide du souchetage ou d'indications tellement précises qu'elles puissent remplacer cette opération.

7. *Souchetage.* — Le souchetage, retocage ou rapatronage, consiste à rapprocher de la souche les bois qu'on suppose en provenir, afin de vérifier s'ils s'y adaptent. Cette opération est rarement praticable, à raison des difficultés du transport. On y supplée au moyen du rapatronage partiel de copeaux ou écorces dont la coupure, la nuance et les veines font aisément reconnaître l'origine.

Lorsqu'un préposé reconnaîtra que des arbres ont été abattus et enlevés en délit, il mesurera exactement les souches, en annotera le nombre, l'essence et les dimensions, il indiquera si l'abatage a été opéré à l'aide de haches ou de scies, si la découpe présente quelques signes particuliers, comme raies et dentelures produites par les brèches des instruments employés par les délinquants; l'état plus ou moins prononcé de fraîcheur de la découpe, sa coloration feront connaître l'époque probable du délit. Muni de ces renseignements qui seront tous mentionnés au procès-verbal, le garde suivra les traces que les délinquants auront laissées sur leur passage. Il se renseignera sur la direction qu'ils auront prise, et quand il aura retrouvé les bois, soit au moyen de perquisitions faites avec les formalités indiquées au chapitre précédent, si le produit du délit a été transporté dans des lieux habités, soit par ses recherches dans l'intérieur de la forêt ou dans les champs voisins où ces bois auraient été déposés, il comparera les renseignements recueillis sur le nombre, l'essence et les dimensions des souches avec les indications analogues prises sur les bois qu'il suppose provenir de ces mêmes souches.

8. *Identité.* — Si l'identité paraît établie, il procédera au retocage complet, s'il est possible, partiel dans le cas contraire. — Il frappera de son marteau les extrémités des pièces de bois retrouvées, pour que la découpe n'en soit pas modifiée. Il recherchera parmi les instruments possédés par les détenteurs du bois, s'il s'en trouve dont le tranchant s'adapte aux marques laissées sur les souches. Les indications de nature à prouver l'identité des bois devront être données d'une manière précise, afin que les juges trouvent dans le procès-verbal tous les éléments d'un certitude complète. Le garde désignera les détenteurs des bois ainsi enlevés en délit, il saisira ces bois et les mettra en séquestre, suivant les règles tracées au chapitre précédent (Voir *Exemple n° 2*). Le procès-verbal qu'il rédigera devra, comme dans le cas précédent, indiquer la valeur des arbres enlevés et le dommage causé par leur extraction.

9. *Coupe et enlèvement de bois de moins de 2 décimètres.* — Lorsque le délit porte sur des bois de moins de 2 décimètres de circonférence, la peine se détermine non plus d'après les dimensions, mais bien d'après la quantité des bois exploités ou enlevés. Cette quantité s'évalue en fagots, charge d'homme, de bête de somme ou de voiture (C. for., 194).

Cette évaluation ne présente aucune difficulté quand les préposés ont vu commettre le délit, ou quand les moyens de transport sont connus. Si, par exemple, le délinquant est rencontré chargé d'un faix de bois ou s'il résulte des traces laissées par les roues que l'enlèvement a été opéré par une voiture, le mode d'évaluation des bois est tout indiqué; ce sera dans le premier cas une charge d'homme, quelque soit d'ailleurs le poids ou le volume des bois ainsi enlevés ; ce sera dans le deuxième, une charge de voiture, quand bien même la voiture n'aurait transporté qu'un fagot ; mais si les bois de délit sont trouvés sur place ou en la possession des délinquants sans aucune indication relativement au mode de transport qui sera ou a été employé pour les enlever, la quantité en sera évaluée en charges d'homme, si les bois, objets du délit, ne sont pas en quantité suffisante pour former une charge de bête de somme, en charges de bête de somme si ces bois ne peuvent former un chargement de voiture, enfin en charrettes ou charges de voiture, si les bois exploités sont en trop grande quantité pour être transportés à dos d'homme ou de bête de somme.

Il y a cependant à distinguer le cas où les bois enlevés seraient liés en fagots. A moins de circonstances particulières démontrant que le transport en a été opéré à l'aide de voitures ou de bêtes de somme, il y a présomption que les délinquants ont transporté ou transporteront les fagots à dos d'homme : le nombre de ces fagots devra donc être indiqué.

Le procès-verbal fera connaître, comme nous l'avons indiqué dans les paragraphes précédents, l'essence et l'âge des bois abattus, leur valeur ; le dommage. — Il relatera, hors le cas de flagrant délit, les preuves de l'identité, et s'il y a lieu, la saisie et la mise en séquestre.

Lorsque l'évaluation des bois de moins de 2 décimètres est faite par voiture, le procès-verbal devra faire connaître le nombre d'animaux dont l'attelage se compose. (Voir *Exemple n° 6.*)

10. *Coupe de plants.* — Si les brins coupés sont de jeunes arbres plantés ou semés de main d'homme, l'évaluation n'en sera plus faite d'après la règle établie pour les délits commis dans les recrus naturels. La peine, dans ce cas particulier, se détermine par le nombre de brins coupés. (C. for., 194.) Le procès-verbal devra donc indiquer exactement l'essence et le nombre des brins ainsi exploités, il mentionnera d'une manière précise que ces brins proviennent d'un semis artificiel ou d'une plantation dont la date sera relatée.

11. *Arrachis de plants.* — L'arrachis de plants dans les forêts est puni de peines plus sévères que la coupe de ces mêmes bois; ces peines se déterminent non plus d'après la quantité de plants arrachés, mais uniquement d'après le mode d'extraction. (C. for. 195.) Les procès-verbaux doivent néanmoins, pour faire apprécier l'importance du délit, indiquer le nombre et l'essence des brins arrachés. Les instruments à l'aide desquels l'extraction a été faite, la valeur des brins, le dommage, sont des renseignements communs à tous ces délits et qui doivent être donnés dans tous les cas. L'arrachis de plants dans les semis artificiels et plantations est puni d'un emprisonnement de quinze jours à un mois, le procès-verbal indiquera donc dans ce cas particulier que les plants arrachés proviennent de terrains repeuplés de main d'homme.

12. *Vols de bois.* — On appelle plus particulièrement vols de bois l'enlèvement frauduleux de bois exploités et façonnés. — Ce délit ne rentre pas dans la

classe des délits forestiers proprement dit ; il est prévu et puni dans le Code pénal. Les procès-verbaux qui sont destinés à constater des infractions de cette nature doivent indiquer la vente d'où les bois ont été enlevés, les auteurs de l'enlèvement, ou du moins les présomptions de culpabilité des individus soupçonnés, les moyens employés pour détourner ces bois, les personnes qui ont coopéré au délit soit en recélant les bois volés, soit en en facilitant la vente.

Ce sont ordinairement les ouvriers ou facteurs qui se rendent coupables de ces abus de confiance commis au préjudice des adjudicataires. Les préposés doivent exercer sur eux une surveillance assidue, et s'ils sont sur la voie de quelque détournement, ils préviendront soit les facteurs, soit les adjudicataires, et se concerteront avec eux pour découvrir les coupables.

13. *Port de haches, scies, etc.* — L'art. 146 du Code forestier punit d'une amende de 10 fr. quiconque est trouvé dans les forêts hors des routes et chemins ordinaires, muni de serpes, haches, scies et autres instruments de même nature. La confiscation desdits instruments est une conséquence de la condamnation des contrevenants.

Cette disposition a pour objet de prévenir les délits en écartant des forêts les maraudeurs qui s'y introduisent avec des instruments d'exploitation.

Il suffit qu'un individu soit rencontré dans les forêts hors des routes et chemins ordinaires et porteur d'instruments propres à couper le bois, pour qu'il soit en contravention. Par routes et chemins ordinaires, on entend les routes impériales, départementales, les chemins vicinaux et communaux. Les lignes et laies sommières établies pour le seul service des forêts, ne sont pas des chemins ordinaires, et nul ne peut les traverser avec des instruments d'abatage.

14. — Les ouvriers des ventes qui, par leur profession, sont obligés de s'introduire dans les forêts, sont naturellement exceptés des prohibitions de l'article 146; si les individus trouvés en état de contravention aux dispositions de cet article se prétendent employés aux travaux des coupes, les préposés devront s'assurer de l'exactitude de leur assertion et verbaliser si elle est reconnue fausse. — Les procès-verbaux dressés à raison de contraventions de cette nature, feront connaître le nombre et l'espèce d'instruments dont les prévenus ont été trouvés munis, et le lieu précis où ils ont été rencontrés, en spécifiant quand c'est sur une laie sommière, un sentier ou une ligne, que cette voie n'est pas publique, mais bien ouverte pour le service exclusif de la forêt.

La saisie des instruments devra être opérée et constatée sur le procès-verbal.

15. *Mutilation, écorcement d'arbres.* — Ceux qui, dans les bois et forêts, auront éhoupé, écorcé ou mutilé des arbres, ou qui en auront coupé les principales branches, seront punis comme s'ils les avaient abattus par le pied. (C. for., art. 196.)

Les procès-verbaux rédigés pour des délits de cette espèce doivent contenir les mêmes renseignements que ceux dressés à raison de délits de coupe et enlèvement de bois. — Ainsi ils indiqueront l'essence et la grosseur des arbres mutilés, écorcés ou ébranchés, leur valeur et le dommage qui leur a été causé. (Voir *Exemple n° 4*.)

S'il s'agit d'ébranchements, le rédacteur du procès-verbal devra en outre faire connaître la grosseur des branches coupées en mentionnant que ce sont des branches *principales*. On considère comme branches principales celles dont l'abatage est de nature à occasionner à l'arbre un dommage appréciable. L'enlèvement de menues brindilles constitue le délit de coupe de bois de moins de 2 décimètres et doit être constaté en suivant les règles tracées au § 9.

16. *Enlèvement de châblis et bois de délit.* — L'enlèvement des bois rompus par le vent ou autres accidents, celui des bois de délit est puni des mêmes peines que le même délit commis sur des bois sur pied. (C. for., 197). Les procès-verbaux devront donc contenir toutes les indications que nous avons déjà mentionnées. — Il est évident que l'enlèvement des châblis, de même que celui des bois abattus par d'autres délinquants, n'occasionne aucun dommage, il n'y aura donc pas lieu d'assigner le montant du dommage causé ; mais la valeur des bois enlevés devra être indiquée. L'enlèvement des bois de ligne constitue le délit prévu par l'art. 197.

L'enlèvement des châblis, volis, bois de lignes et autres bois abattus, constitue le délit qualifié de vol de bois, si ces bois ont été mis en adjudication et vendus.

17. *Extraction et enlèvement des produits autres que les bois.* — Toute extraction, tout enlèvement de produits quelconques des forêts opéré sans l'autorisation préalable du conservateur, constitue le délit prévu et puni par l'art. 144 du Code forestier, d'une amende de 10 à 30 fr. par voiture et par bête attelée ; de 5 à 15 fr. par charge de bête de somme, et de 2 à 6 fr. par charge d'homme. Les termes : produits quelconques, comprennent non-seulement les productions végétales comme feuilles, graines, herbes, genets, mais encore

les matériaux tels que terres, pierres, sable, tourbe, etc., etc., qui peuvent être extraits du sol forestier.

Le fait seul de l'extraction ou du ramassage de ces productions constitue le délit, quand même l'enlèvement ne serait pas encore effectué.

Les procès-verbaux que les gardes auront à dresser pour des infractions de cette espèce, devront indiquer la nature des produits extraits, ramassés ou enlevés, leur quantité ; la quantité se détermine d'après les règles exposées au § 9. On évaluera en charge d'homme les produits qui ne sont pas en quantité suffisante pour former une charge de bête de somme, en charge de bête de somme, ceux qui ne suffiraient pas à former un chargement de voiture, et enfin en charretées ceux qui sont trop lourds ou trop volumineux pour être transportés d'une autre manière. — Lorsque le mode d'enlèvement est indiqué par les circonstances, le rédacteur du procès-verbal se bornera à mentionner le moyen de transport employé ; si, par exemple, les préposés rencontrent les délinquants chargés des objets frauduleusement extraits, transportant les mêmes produits à l'aide de bêtes de somme ou de voiture, la seule mention du moyen de transport suffit pour déterminer la peine. — Mais si, au contraire, les productions extraites sont trouvées sur le lieu même du délit ou au domicile des prévenus, sans que rien ne fasse connaître le moyen qu'ils emploieraient ou qu'ils ont employé pour les enlever, l'évaluation devra être faite d'après les règles tracées plus haut.

18. — Le procès-verbal indiquera la valeur des objets enlevés, les instruments à l'aide desquels l'extraction a été faite et le dommage qui en est la conséquence. Le dommage s'apprécie suivant les cas ; il est

nul lorsque les produits enlevés n'ont pas d'importance au point de vue forestier, et que d'ailleurs leur extraction s'opère sans dégâts pour le sol (voir *Exemp. n° 5*), ainsi l'enlèvement des herbes, mousses, ronces, peut n'occasionner aucun dommage.

Les extractions de matériaux, feuilles mortes, semences, causent souvent un dommage important, dont il sera tenu compte en indiquant au procès-verbal la dépense à faire pour rétablir les lieux dans l'état où ils étaient avant le délit. (Voir *Exemple n° 7.*)

Si l'enlèvement est opéré à l'aide de voitures, le rédacteur du procès-verbal indiquera le nombre et l'espèce des bêtes attelées.

La saisie et la mise en séquestre des objets du délit, des bêtes de somme, voitures et attelages sera opérée si les prévenus n'offrent pas de garantie de solvabilité. (Voir *Exemple n° 6.*) On se dispensera de procéder à la saisie dans le cas contraire. (Voir *Exemple n° 7.*) Lorsque les préposés n'auront pas rencontré les prévenus en flagrant délit et qu'il leur aura fallu procéder à des perquisitions pour retrouver les productions enlevées, ils devront mentionner avec soin les preuves tirées des traces de l'enlèvement, des témoignages recueillis et celles déduites de la comparaison des objets du délit avec les productions similaires de la forêt, pour en établir l'identité. — On ne peut pour des produits de cette nature procéder au rapatronage comme pour des arbres enlevés, mais le plus ou moins de fraîcheur, la couleur, l'apparence extérieure, sont des indices précieux qui, réunis à d'autres indications, permettront d'établir l'origine frauduleuse des herbages, graines et matériaux trouvés chez les délinquants.

19. *Introduction de voitures et bêtes de somme dans*

les forêts. — Ceux dont les voitures, bestiaux, animaux de charge et de monture seront trouvés dans les forêts hors des chemins ordinaires seront condamnés savoir : par chaque voiture à une amende de 10 francs pour les bois de dix ans et au-dessus, et de 20 francs pour les bois au-dessous de cet âge, par chaque tête de bestiaux non attelés aux amendes fixées pour délit de pâturage, le tout sans préjudice des dommages-intérêts. (C. for., 147.)

L'infraction prévue par l'article précité se constate de la même manière que les délits de pâturage lorsque les bestiaux, bêtes de somme ou de monture sont trouvés non attelés dans les forêts. Nous renvoyons donc au § 30 pour toutes les indications que devront renfermer les procès-verbaux dressés dans ce cas.

20. L'introduction des voitures dans l'intérieur des massifs et sur les voies de vidange et chemins non publics établis pour le service des forêts constitue le délit désigné sous la dénomination de *faux chemins.*

Les procès-verbaux destinés à constater des infractions de cette espèce indiqueront d'une manière très-précise le lieu où le délit a été commis, en faisant connaitre si les voitures ont pénétré dans l'intérieur des massifs ou si elles ont seulement suivi des chemins pratiqués mais non publics.

Nous avons précédemment indiqué ce qu'on doit entendre par chemins ordinaires. (Voir § 13.) Ce sont les seules voies dont la fréquentation soit libre pour tout le monde ; les laies sommières, chemins de vidange et de desserte, sont spécialement affectés au service des forêts, et aucune voiture ne doit y passer à l'exception de celles employées au service des ventes. Nous traiterons, au chapitre suivant, des obligations auxquelles les adjudicataires sont assujétis pour se servir de ces voies de transport et des peines qu'ils encourent lorsqu'ils s'en écartent. L'infraction dont nous avons à nous occuper actuellement est celle qui est commise par des personnes tout à fait étrangères aux exploitations.

Le rédacteur du procès-verbal fera connaître, quand les voitures auront pratiqué des chemins nouveaux, le montant du dommage causé en évaluant le nombre de brins, cépées et arbres brisés ou foulés. Il indiquera la longueur du parcours, — l'âge des bois traversés est un des éléments de la peine, puisque l'amende est double lorsqu'ils sont au-dessous de dix ans : le procès-verbal devra donc faire connaître ce renseignement. Nous avons tracé au § 15 les règles à suivre pour la détermination de l'âge des peuplements. Nous renvoyons à ces indications.

21. *Feu à distance prohibée.* — Il est défendu de porter ou allumer du feu dans l'intérieur et à la distance de 200 m. des bois et forêts, sous peine d'une amende de 20 à 100 fr. (C. for., 148.)

Le fait seul d'avoir porté ou allumé du feu dans l'intérieur ou à moins de 200 mètres des forêts, constitue le délit prévu par l'art. 148, quand bien même il ne serait résulté aucun accident.

La distance se mesure en ligne droite, du point où le feu a été allumé à la limite la plus rapprochée de la forêt.

Les procès-verbaux qui constatent ces délits en désigneront les auteurs ; ils feront connaître en mesures métriques la distance à la forêt des foyers les plus rapprochés de sa limite, et si les bois destinés à alimenter le feu proviennent des forêts, ils contiendront les renseignements relatifs aux délits d'enlèvement de bois. (Voir *Exemple n° 9.*)

Les écobuages sur les terres situées à moins de 200 mètres des forêts, ne peuvent être pratiqués sans autorisation préalable.

C'est au Préfet qu'il appartient d'accorder ces autorisations. — Les conditions imposées aux cultivateurs sont indiquées dans l'arrêté qui est communiqué au garde du triage.

Ce dernier doit être prévenu du jour où les fourneaux seront allumés ; il fera prendre les précautions convenables pour surveiller la combustion et éviter les accidents.

22. *Incendies.* — Lorsque des feux allumés dans l'intérieur ou à une distance quelconque des bois auront occasionné un incendie, le garde du triage prendra de suite les mesures nécessaires pour en arrêter les progrès ; — il réclamera le concours des riverains, organisera le plus promptement possible les secours en formant des escouades de travailleurs ; — les incendies dans les taillis peuvent être souvent arrêtés au moyen de longues perches avec lesquelles on bat les cépées pour arrêter la propagation du feu. Dans les bois résineux, il est quelquefois nécessaire d'ouvrir des tranchées destinées à séparer la partie incendiée de cantons voisins. — On profitera des chemins ouverts pour cerner le feu dans un canton déterminé ; tous les secours seront alors dirigés de manière à préserver les autres parties de la forêt. — Les femmes et les enfants seront employés à éteindre les matières enflammées qui, projetées au loin sur les gazons desséchés, propageraient l'incendie sur les parties préservées.

Tout en portant tous leurs efforts à arrêter le sinistre, les préposés ne négligeront pas d'en rechercher l'origine. Ils examineront le point de départ de l'incendie ; ils s'assureront si le foyer primitif n'a pas été allumé par malveillance ; il y a présomption que l'incendie est le résultat de la malveillance s'il est allumé dans des cantons peu fréquentés, s'il y a plusieurs foyers primitifs, si les résidus carbonisés de ces foyers offrent des traces d'arrangement faits de main d'homme.

Les gardes prendront auprès des personnes qui ont parcouru la forêt le jour du sinistre les renseignements nécessaires pour connaître aussi exactement que possible le point et l'heure où le feu a été allumé, les individus qui ont été vus dans les environs, les circonstances qui peuvent faire diriger les soupçons sur certains d'entr'eux. — Le garde du triage dans lequel un incendie a éclaté doit en informer sans délai son chef de cantonnement. Si le sinistre prend des proportions considérables, il lui enverra un exprès, la présence des agents, toujours très-utile pour les mesures urgentes et pour la constatation de l'incendie, devient indispensable lorsque le feu a occasionné de grands dégâts. — Dans ce cas, c'est le chef de cantonnement qui rédige le procès-verbal. Si, au contraire, l'incendie a été éteint avant d'avoir causé de grands dommages, le garde local se bornera à faire connaître le sinistre à son chef, et il rédigera lui-même le procès-verbal. Cet acte devra contenir tous les renseignements relatifs à la constatation en elle-même, à la désignation des coupables s'il y a lieu ; il fera de plus connaître l'étendue des parties incendiées, et le montant du dommage.

23. *Refus de secours.* — Les personnes qui, sans

motifs légitimes, refusent ou négligent de porter secours en cas d'incendie dans les forêts, sont passibles d'une amende de 6 à 10 fr. (C. pén., art. 475). Si ces mêmes personnes ont des droits d'usage dans lesdites forêts, elles peuvent être privées de ce droit pendant un an au moins et cinq au plus. (C. for., 149.)

Les procès-verbaux que les gardes sont dans le cas de rédiger contre ceux qui, en étant requis, refuseraient de porter secours en cas d'incendie, devront indiquer d'une manière expresse que la réquisition a été faite, attendu qu'il faut cette circonstance pour motiver l'application de la peine. — Ces actes indiqueront en outre la qualité d'usagers, si les prévenus jouissent de quelques droits de cette nature dans la forêt incendiée. (Voyez *Exemple* n° 10.)

24. *Élagages.* — Dans le droit civil, tout propriétaire a le droit de contraindre son voisin à élaguer les branches qui s'avancent sur son terrain. En matière forestière, ce droit est restreint à l'élagage des arbres qui avaient moins de 30 ans en 1827 (C. for., 150.) — Au surplus, le riverain n'a jamais le droit de faire de son chef élaguer les arbres qui s'avancent sur son terrain.

Cette opération, quelle que soit la situation des arbres relativement aux propriétés riveraines, ne peut être faite sans l'autorisation du Conservateur.

Tout élagage pratiqué sans cette autorisation rentre dans la classe des délits ordinaires et doit être constaté comme ceux-ci.

25. *Constructions à distance prohibée.* — Les dispositions prohibitives contenues dans les articles 151, 152, 153, 154 et 155 du Code forestier peuvent se résumer ainsi :

Il ne peut être établi sans autorisation :

1° Aucun four à chaux ou à plâtre, aucune briqueterie, tuilerie, maison sur perche, loge, baraque ou hangar dans l'enceinte et à moins d'un kilomètre de distance des bois et forêts ;

2° Aucune maison ou ferme, à moins de 500 mètres des forêts domaniales ou des bois communaux contenant plus de 250 hectares ;

3° Aucune usine à scier le bois dans l'enceinte et à moins de 500 kilomètres des forêts ;

4° Aucun atelier à façonner le bois, aucun magasin ou chantier destiné au commerce des bois dans les maisons situées à moins de 500 mètres.

Exceptions : Les maisons d'habitation ou usines qui font partie de villages ou hameaux, formant une population agglomérée, ne sont pas soumises aux prohibitions qui précèdent ; ces constructions peuvent' être élevées sans autorisation.

Les procès-verbaux rédigés pour les contraventions comprises aux numéros 1, 2 et 3, doivent, autant que possible, être dressés par deux gardes ; ils doivent indiquer la nature de la construction, sa destination et la distance où elle se trouve de la forêt la plus voisine. (*Exemple n°* 11.)

Cette distance se mesure en ligne droite, à partir de la limite du bois la plus rapprochée de la construction.

S'il s'agit d'une ferme ou maison d'habitation, établie à moins de 500 mètres d'un bois communal, le procès-verbal devra faire connaître si ce bois a une contenance supérieure à 250 hectares, circonstance nécessaire pour qu'il y ait contravention.

Au reste, les préposés feront bien de prévenir dès

le commencement des constructions les propriétaires qui ne seraient pas munis d'autorisation, de faire suspendre les travaux et en référer immédiatement au chef de cantonnement qui prescrira les mesures à prendre.

En ces matières, comme en toutes celles où il s'agit de délits permanents d'une certaine gravité, il convient que les gardes attendent l'impulsion de leurs chefs avant de dresser leurs procès-verbaux ; il n'y a aucun inconvénient à retarder la constatation, quand le corps du délit ne peut être ni enlevé, ni dissimulé, et il y a de grands avantages à ne recourir aux voies de répression qu'autant qu'il est impossible d'en agir autrement.

26. Les propriétaires ou locataires de maisons situées à moins de 500 mètres des bois domaniaux et des bois communaux d'une contenance supérieure à 250 hectares, ne peuvent y établir aucun atelier, chantier ou magasin propres à façonner, débiter ou faire le commerce des bois, à moins que cette maison ne fasse partie de villages ou hameaux formant une population agglomérée.

Les autorisations que délivre le Préfet doivent précéder l'établissement des chantiers ou ateliers. Elles sont personnelles et doivent être renouvelées en cas de changement de propriétaire ou de locataire.

Les procès-verbaux rédigés pour ces contraventions doivent faire connaître la personne qui a établi l'atelier ou le magasin, en indiquant si c'est le propriétaire ou locataire de la maison, et la distance de cette maison au bois le plus rapproché.

27. Il n'est le plus souvent pas nésessaire de donner exactement le chiffre de cette distance ; il est évident

que si la maison est à 50, 100, 200 mètres de la forêt, il ne peut y avoir d'erreur, il suffira donc d'indiquer dans ce cas la distance approximative ; mais si la maison se trouve près des limites du rayon de prohibition, entre 4 et 500 mètres par exemple, une indication approximative n'est plus suffisante, il devient même nécessaire de procéder à un véritable chaînage si la mesure prise d'abord au pas laisse quelque doute.

Cette observation s'applique à toutes les circonstances où il y a lieu de déterminer des distances légales en matière de contraventions ou délits forestiers.

Les procès-verbaux devront encore faire connaître la nature de l'atelier ou du commerce établi, la quantité des marchandises façonnées ou disposées pour le travail et la valeur de ces marchandises.

Pour recueillir ces renseignements, il est indispensable de visiter l'établissement, et, comme nous l'avons vu précédemment, les employés forestiers ne peuvent s'introduire dans les maisons servant à l'habitation sans l'assistance d'un des fonctionnaires désignés en l'article 161, C. for., ils procéderont donc comme pour les visites domiciliaires ordinaires et déclareront la saisie des bois servant au commerce ou à la fabrication illicite. (Voy. *Exemple n° 12.*)

28. *Scieries.* — Les usines à scier le bois, lorsqu'elles ne font pas partie de villages ou hameaux et qu'elles sont situées à moins de 2 kilomètres des forêts, sont soumises à certaines mesures de surveillance rendues nécessaires par la grande facilité avec laquelle les bois de délit peuvent y être dénaturés. Nous avons vu, Chap. III § 23, que ces établissements

peuvent être visités par les gardes sans l'assistance des fonctionnaires dénommés en l'article 161 , pourvu que le préposé soit assisté d'un de ses collégues ou de deux témoins domiciliés dans la commune ; ils sont de plus assujétis à ne débiter aucun bois qui ne soit au préalable reconnu et marqué par les employés forestiers. (C. for. 158, Ord. 180.)

29. Les formalités relatives à cette reconnaissance sont les suivantes :

Le propriétaire remet à l'agent local une déclaration détaillée des arbres, billes ou troncs qu'il veut faire transporter dans la scierie ou dans les bâtiments et enclos qui en dépendent ; cette déclaration indique la provenance des bois, leur nombre et le lieu du dépôt.

L'agent transmet cette déclaration au garde du triage duquel dépend la scierie. Celui-ci procède immédiatement à la reconnaissance des bois, dont la quantité et les dimensions doivent être conformes à la déclaration faite. Cette reconnaissance a pour but de s'assurer que les bois ne proviennent pas de délits ; elle doit être faite dans les cinq jours de la déclaration ; passé ce délai, le propriétaire de la scierie peut enlever et faire débiter ses bois. Le garde doit apposer l'empreinte de son marteau sur chaque bille.

Si dans les visites qu'ils sont tenus de faire dans les scieries soumises à leur surveillance, les préposés reconnaissent que des billes non marquées du marteau particulier du garde local ont été introduites dans les cours, chantiers ou bâtiments de l'établissement, ils doivent constater cette contravention par un procès-verbal qui indiquera le nombre et les dimensions des billes non marquées, et le lieu où elles étaient déposées. (Voyez *Exemple n°* 13.)

30. *Pâturage.* — Les délits de pâturage peuvent être commis, soit par des usagers qui ne se conforment pas aux règles de police sur l'exercice de leurs droits, soit par des individus qui n'ont aucun droit d'introduire des bestiaux dans les bois. Nous examinerons d'abord les délits dont ces derniers peuvent se rendre coupables ; les contraventions aux règlements, commises par les usagers ou les habitants des communes propriétaires de bois, feront l'objet d'un paragraphe séparé.

31. Le fait seul de l'introduction dans l'enceinte des bois, de porcs, chèvres, moutons, bœufs, chevaux ou autres bêtes de somme, constitue le délit de pâturage, quand même il n'y aurait aucun abroutissement.

L'amende encourue par le propriétaire se règle d'après le nombre d'animaux, leur espèce et l'âge des bois où ils ont été trouvés ; elle est fixée à 1 franc pour un cochon, 2 fr. pour une bête à laine, 3 fr. pour un cheval ou autre bête de somme, 4 fr. pour une chèvre, 5 fr. pour un bœuf, une vache ou un veau ; cette amende est double si le bois est âgé de moins de dix ans.

Il peut y avoir lieu à des dommages-intérêts si le procès-verbal constate qu'il y ait eu un préjudice causé. (C. for., 199.)

Le pâturage des bestiaux dans les vides, clairières, chemins de vidange et en général dans tous les terrains qui font partie des bois soumis au régime forestier constitue le délit prévu par l'art. 199.

Les procès-verbaux rédigés pour des délits de cette nature, indiqueront les noms, prénoms et demeures des propriétaires des bestiaux, ceux des pâtres, l'heure et le lieu du délit, le nombre et l'espèce des animaux trouvés dans l'enceinte des bois ; le signalement des chevaux, bœufs ou autres bestiaux, devra être donné si ce renseignement est nécessaire pour faire reconnaître le propriétaire des animaux.

32. Les gardes distingueront le pâturage exercé sous la direction et surveillance des bergers, de celui auquel se livrent les bestiaux échappés ; le premier est dit *à garde faite* ou *à bâton planté*, il accuse chez le pâtre l'intention de commettre un délit ; le pâturage par *échappée* peut au contraire être occasionné par des circonstances accidentelles, malgré la volonté du pâtre ou du propriétaire des bestiaux.

33. Les bestiaux trouvés sans gardien dans les bois doivent être saisis et mis en séquestre ; ils devront l'être encore quand même le propriétaire en serait connu, s'il n'est pas d'une solvabilité notoire.

L'âge des bois du canton où a été commis le délit de pâturage, doit être indiqué. (*Voir* pour la détermination de cet âge le § 15.)

Enfin, le procès-verbal doit faire connaître s'il y a eu dommage causé soit par l'abroutissement, soit par le passage des bestiaux. (Voir *Exemples* n°s 14 et 15.)

34. *Droits de parcours.* — Les habitants des communes propriétaires de bois, les usagers dans les forêts de l'Etat ou des communes, ont le droit d'envoyer leurs bestiaux au parcours en se conformant aux règlements sur l'exercice de ce droit.

Le pâturage ou le panage, ne peuvent être exercés que dans les cantons qui auront été déclarés défensables par l'administration forestière. (C. forestier, art. 67.)

Les chemins par lesquels les bestiaux devront passer

pour aller au pâturage ou au panage et en revenir, seront désignés par les agents forestiers.

La déclaration des cantons défensables et la désignation des chemins sont faites au moyen d'un procès-verbal de reconnaissance approuvé par le Conservateur et signifié au Maire de la commune ou aux usagers jouissant du droit de parcours en vertu d'un titre distinct.

35. Lorsque les porcs et bestiaux des usagers seront trouvés hors des cantons déclarés défensables ou désignés pour le panage ou hors des chemins indiqués pour s'y rendre, il y aura lieu contre le pâtre à une amende de 3 à 30 fr. ; en cas de récidive, le pâtre pourra être condamné à un emprisonnement de cinq à quinze jours. (C. forestier, 76.)

Pour assurer l'exécution de ces dispositions, les préposés doivent d'abord prendre une connaissance parfaite des limites des cantons défensables et des chemins désignés pour le passage des bestiaux ; ils annoteront à cet effet sur leur registre les indications du procès-verbal de défensabilité qu'ils signifient au Maire de la commune usagère ou aux usagers.

S'ils rencontrent les troupeaux admis au parcours, hors des limites ou des chemins désignés, ils dresseront un procès-verbal qui fera connaître le nom du pâtre, celui du canton où les bestiaux ont été trouvés en délit, en mentionnant qu'il n'a pas été déclaré défensable, et le nombre d'animaux dont se compose le troupeau trouvé dans les cantons en défends; le procès-verbal devra aussi mentionner, s'il y a lieu, la circonstance de la récidive, l'âge des bois et le dommage causé. (Voir *Exemple n°* 16.)

36. Le troupeau de chaque commune ou section de

commune devra être conduit par un ou plusieurs pâtres communs choisis par l'autorité municipale ; en conséquence, les habitants des communes usagères ne pourront ni conduire eux-mêmes, ni faire conduire leurs bestiaux à garde séparée, à peine d'une amende de 2 fr. par tête de bétail.

37. Les porcs et bestiaux de chaque commune ou section de commune usagère, formeront un troupeau particulier et sans mélange de bestiaux d'une autre commune ou section de commune usagère, sous peine d'une amende de 5 à 10 fr. contre le pâtre et d'un emprisonnement de cinq à dix jours en cas de récidive. (C. for., art. 72.)

Des cantons distincts doivent être désignés pour chaque commune ou section de commune jouissant du droit de parcours en vertu de titres spéciaux ; les troupeaux doivent rester dans les limites qui leur sont assignées ; les préposés veilleront à la stricte observation de ces prescriptions et constateront toute contravention par des procès verbaux qui feront connaître les noms des pâtres dont les troupeaux ont été indûment réunis, celui de la commune ou section qui les emploie et le canton où ils ont été rencontrés ; si ce canton n'est pas déclaré défensable, le procès-verbal devra contenir les mêmes renseignements que pour le délit de pâturage hors des cantons ouverts au parcours.

38. *Garde séparée.* — Les habitants des communes usagères ne peuvent conduire eux-mêmes leurs bestiaux au parcours, c'est toujours sous la garde du pâtre nommé par la commune que ces animaux doivent être introduits dans les bois.

Si les bestiaux pâturant à garde séparée sont trouvés dans les cantons défensables, l'amende se règle d'après le nombre des animaux ; il n'y a pas de dommage causé ; il suffira que les procès-verbaux indiquent le nom du propriétaire du troupeau et du pâtre, en mentionnant que ce dernier n'a pas été nommé par la commune, et qu'il n'a par conséquent pas qualité pour conduire les animaux au parcours.

Le nombre et l'espèce des bestiaux ainsi gardés seront mentionnés.

Si les cantons dans lesquels le troupeau gardé par le propriétaire ou un pâtre non désigné par la commune, ne sont pas défensables, le procès-verbal que les gardes rédigeront devra contenir les mêmes renseignements que pour un délit de pâturage commis par des individus qui n'ont aucun droit d'introduire des bestiaux dans les bois.

39. *Marques.* — Les porcs et bestiaux seront marqués d'une marque spéciale: cette marque devra être différente pour chaque commune ou section de commune usagère. (C. for., 75.) Cette obligation n'est pas imposée pour les porcs et bestiaux des habitants qui exercent le droit de parcours dans les bois possédés en propre par la commune.

40. *Clochettes.* — Les usagers mettront des clochettes au cou de tous les animaux admis au parcours (C. for., 75). Les contraventions à ces prescriptions sont punies, pour la première fois, d'une amende de 3 fr. pour un animal non marqué, pour la deuxième fois, de 3 fr. par bête trouvée sans clochette dans les forêts.

Les usagers ne sont pas tenus de mettre des clochettes au cou des porcs admis au panage.

Les procès-verbaux auxquels pourraient donner lieu

les infractions à ces deux articles, devront indiquer après le nom du pâtre celui de la commune qui l'a nommé, renseignement général au reste à tous les procès-verbaux dressés pour les délits commis à raison du pâturage commun, le nombre des animaux non marqués ou dépourvus de clochettes, et le nom de leur propriétaire.

41. *Commerce de bestiaux.* — Les usagers ne peuvent jouir de leurs droits de pâturage et de panage que pour les bestiaux à leur propre usage et non pour ceux dont ils font commerce. (C. for., 70.) — Les préposés devront veiller à ce que les animaux qui sont l'objet d'un commerce ne soient pas conduits au pâturage ou à la glandée. On ne considère pas comme acte de commerce l'élève des bestiaux, quoiqu'ils soient destinés à être vendus. Les propriétaires ou fermiers peuvent donc envoyer au pâturage dans les bois les animaux nés ou élevés dans la ferme. Mais ils ne doivent pas y envoyer ceux qu'ils achètent pour les revendre.

42. *Chèvres et moutons.* — Le pâturage des chèvres ou moutons est interdit d'une manière générale. (C. for., 78.) À moins d'un décret impérial qui l'autorise, le pacage des moutons doit être réprimé comme un délit, les procès-verbaux qui le constatent doivent contenir les mêmes renseignements que pour les faits de pâturage illicite.

L'introduction des chèvres dans les bois est prohibée d'une manière absolue.

43. *Nombre de bestiaux.* — Le nombre des bestiaux admis au pâturage ou des porcs admis au panage est indiqué par le procès verbal de défensabilité; ce nombre ne peut être dépassé, à peine pour l'excédant, de

l'application des dispositions de l'art. 199. (C. for.,
76.)

Les préposés connaissant, d'après le procès-verbal
de défensabilité qu'ils ont signifié, le nombre d'animaux dont l'introduction dans les cantons défensables est autorisée, vérifieront dans leurs tournées si
les troupeaux conduits au parcours ne sont pas plus
considérables qu'ils ne doivent l'être.

Lorsque les troupeaux appartiennent à des communes simplement usagères et non propriétaires des
bois où s'exerce le parcours, cette vérifiation sera facile, il suffira d'examiner si tous les animaux sont
marqués ; car la marque faite sous la surveillance des
agents ou préposés forestiers, ne doit comprendre au
plus que le nombre d'animaux fixé par le procès-verbal de défensabilité ; le nombre des bestiaux ou porcs
excédant celui que détermine cet acte sera mentionné
au procès-verbal, et les propriétaires en seront désignés.

S'il avait été marqué un plus grand nombre d'animaux qu'il ne doit en être admis au parcours, l'indication du nom des propriétaires de ceux qui sont en
excédant, ne peut être faite qu'à l'aide des renseignements fournis par l'état de répartition dressé par la
commune, puisque tous étant marqués, l'on ne sau-
rait distinguer dans le troupeau ceux qui doivent être
considérés comme illicitement introduits dans les bois.

Dans ce cas, le procès-verbal indiquera le nombre
d'animaux dont se compose le troupeau, la différence
entre ce nombre et celui du procès-verbal de défensabilité, et le nom des propriétaires des animaux trouvés
en excédant, renseignement qu'on obtiendra en vé-
rifiant si chaque possesseur de bestiaux n'a pas envoyé

au parcours plus d'animaux qu'il ne lui était permis de le faire. (Voyez *Exemple n° 17*.)

C'est au reste une erreur de la part des agents ou préposés qui procèdent à la marque des bestiaux des usagers, de croire qu'ils peuvent marquer, dans la prévision qu'ils n'iront pas tous simultanément au pâturage, un nombre d'animaux plus grand que celui fixé par le procès-verbal de défensabilité.

L'obligation de faire marquer les animaux admis au parcours, n'étant pas imposée aux habitants des communes propriétaires de bois, on ne pourra désigner le nom des possesseurs des bestiaux trouvés en excédant, si le troupeau est plus nombreux qu'il ne devrait l'être, les préposés agiront alors comme dans le cas où il en aurait été marqué en trop grand nombre. (Voyez *Exemple n° 17*.)

44. *Dégradationss.* — Les préposés doivent veiller à la conservation des bornes, fossés, murs, barrières et poteaux de leurs triages et constater par des procès-verbaux tous les dégâts qui peuvent y être commis.

45. *Usurpations.* — L'usurpation par les riverains de parcelles dépendant des forêts ne constitue un délit forestier qu'autant qu'elle est accompagnée d'extraction d'arbres, souches ou autres produits, d'enlèvement de gazons, herbes, genêts. etc.; dans ce cas, les préposés n'auront qu'à se reporter aux indications relatives aux délits particuliers auxquels elle a donné lieu.

Si le riverain s'est borné à cultiver une portion du sol forestier complètement dégarnie de bois et s'il n'a enlevé ni herbes, ni gazons, ils rédigeront un procès-verbal indiquant la situation et l'étendue du terrain ainsi usurpé, et toutes les circonstances qui établissent qu'il y a eu usurpation.

46. *Rébellion, injures, menaces.* — Si les préposés sont injuriés ou menacés dans l'exercice ou à l'occasion de l'exercice de leurs fonctions, s'ils sont l'objet de violences de la part des délinquants, si ceux-ci méconnaissent leur autorité ; il devra être dressé un procès-verbal distinct, relatant les injures ou menaces proférées, la nature et la gravité des actes de violences exercées, et toutes les circonstances dans lesquelles se sont passés les faits dénoncés.

Ce procès verbal, soumis aux formalités ordinaires, sera transmis au chef de cantonnement qui saisira le ministère public de la plainte.

CHAPITRE VI.

SURVEILLANCE DES EXPLOITATIONS.

1. Les adjudicataires ou entrepreneurs des coupes dans les bois soumis au régime forestier, sont assujétis à l'observation de règles sévères pendant tout le temps qui s'écoule depuis la délivrance du permis d'exploiter jusqu'au récolement ; les délits ou contraventions qu'ils commettent sont punis de peines plus graves que ceux des délinquants ordinaires ; ces délits peuvent être constatés par les agents et les gardes pendant toute la durée des exploitations, ils peuvent encore l'être, mais par les agents seuls au moment du récolement.

Le droit que la loi a laissé aux agents de constater au récolement les contraventions dont les adjudicataires ont pu se rendre coupables, ne dispense pas les préposés de l'obligation de surveiller les exploitations ; beaucoup de délits resteraient impunis s'ils n'étaient constatés au moment où ils viennent de se commettre.

Ceux-ci doivent donc visiter journellement les coupes en usance, s'assurer que les ouvriers n'exploitent pas les arbres désignés pour être réservés, qu'ils se conforment aux prescriptions du cahier des charges en ce qui concerne l'abatage des bois, etc.; signaler au facteur de la coupe ceux d'entr'eux qui, par leur négligence ou leur maladresse, pourraient attirer contre l'adjudicataire des poursuites onéreuses.

En ces matières surtout, il vaut mieux prévenir que punir, et souvent quelques avertissements donnés à propos, suffisent pour imprimer aux exploitations une direction convenable.

Nous allons examiner en détail les obligations diverses imposées aux adjudicataires ou aux entrepreneurs qui leur sont complètement assimilés, en faisant connaître les renseignements que devront contenir les procès-verbaux dressés pour chaque espèce de contravention.

2. *Permis d'exploiter.* — Les adjudicataires des coupes ne peuvent en commencer l'exploitation avant d'avoir obtenu de l'agent forestier chef de service, un permis d'exploiter qui leur est délivré sur la présentation des pièces établissant qu'ils ont satisfait aux obligations imposées (C. for. art. 30, ord. art. 92). Ce permis est présenté au chef de cantonnement qui donne l'ordre au garde local de laisser commencer les exploitations.

Les préposés ne devront donc autoriser les adjudicataires ou leurs ouvriers à procéder à l'abatage des arbres qu'autant qu'ils auront reçu cet ordre ; si ceux-ci persistent à commencer leur exploitation sans justifier de l'obtention du permis, les gardes devront constater la grosseur, l'essence, le nombre et la valeur

des arbres exploités, comme s'il s'agissait d'un délit
ordinaire ; ils ne dresseront toutefois leur procès-
verbal qu'après s'être assuré auprès du chef de cantonnement de la date du permis d'exploiter.

Il pourrait en effet arriver que ce permis quoique
non représenté au garde du triage, soit d'une date
antérieure au commencement de l'exploitation, et dans
ce cas il n'y aurait pas de délit.

Ce délit est au reste assez rare ; les adjudicataires
n'ayant aucun intérêt à ne pas se conformer aux règlements sur ce point : il pourrait cependant se présenter dans les coupes affouagères dont les entrepreneurs ignorent souvent les obligations auxquelles ils
sont assujétis.

Aucun abatage de bois, même ceux qui seraient
nécessaires pour le lotissement des coupes entre les
ouvriers ne doit être toléré avant la délivrance du
permis d'exploiter.

3. *Marteau de l'adjudicataire.* — Les adjudicataires
des coupes sont tenus d'avoir un marteau dont l'empreinte est triangulaire : ils en marquent les arbres et
bois de charpente qui sortent de la vente (Ordonnance,
art. 95, cahier des charges); ils ne peuvent avoir plus
d'un marteau pour la même vente (C. for, 32.)

Les personnes auxquelles les bois sont livrés, peuvent les marquer d'un marteau particulier afin de les
distinguer, mais l'empreinte de ce marteau doit être
apposée à côté de celle du marteau de l'adjudicataire.

Les gardes ne sont pas tenus de s'assurer si les
adjudicataires se sont conformés à l'obligation d'avoir
un marteau, c'est aux agents à veiller à ce que les
formalités relatives au dépôt de l'empreinte de cet
instrument soient remplies.

L'emploi de marteaux différents pour une même vente. constitue la seule contravention qui puisse être constatée par les gardes ; contravention fort rare, puisqu'il est de l'intérêt des adjudicataires de n'avoir qu'une seule et même marque pour désigner les bois qui leur appartiennent.

4. *Coupe de réserves.* — L'adjudicataire est tenu de respecter tous les arbres marqués ou désignés pour demeurer en réserve, quelle que soit leur qualification, lors même que le nombre en excéderait celui qui est porté au procès-verbal de martelage. et sans qu'on puisse admettre en compensation d'arbres coupés en contravention d'autres arbres non réservés que l'adjudicataire aurait laissé sur pied. (C. for., art. 33).

Dans les coupes marquées en réserve, l'empreinte du marteau de l'Etat est appliquée sur les arbres qui sont exceptés de la vente ; dans les coupes en délivrance, au contraire, ce sont les arbres à abattre qui portent cette empreinte ; dans certaines coupes enfin, les arbres réservés ou abandonnés sont simplement griffés ou même désignés par leur essence ou leur dimension.

Quelque soit le mode de martelage ou de désignation employé. les adjudicataires ne doivent exploiter que les bois qui leur sont abandonnés.

Les préposés doivent veiller assidûment à ce que les prescriptions des procès-verbaux de martelage soient strictement exécutées.

5. Dans les coupes dont les arbres réservés sont marqués du marteau de l'Etat, griffés ou simplement désignés par leur essence ou leur grosseur ; ils constateront l'abatage de tout autre arbre portant l'empreinte du marteau, griffé ou désigné pour la réserve,

par un procès-verbal qui indiquera le numéro de la coupe où le délit a été commis, l'exercice auquel elle appartient, le nom de l'adjudicataire, l'essence et la grosseur de l'arbre ainsi exploité, en mentionnant qu'il faisait partie de la réserve.

Dans les coupes où les arbres à abattre sont marqués du marteau de l'État, griffés ou désignés, ils constateront au contraire l'abatage de tout arbre qui ne portera pas l'empreinte du marteau ou la griffe, ou qui ne sera pas désigné pour être exploité, le procès-verbal contiendra les mêmes renseignements que ci-dessus. (Voir *Exemple n° 18*).

C'est surtout dans les coupes marquées en délivrance que les adjudicataires peuvent faire disparaitre les traces d'une exploitation frauduleuse ; c'est sur celles-là que les préposés devront apporter une surveillance plus active.

6. *Bris de réserves.* — Le délit d'abatage de réserves ne doit pas être confondu avec le bris de réserves occasionné par l'exploitation. Les réserves brisées ou endommagées par la chûte des arbres voisins sont considérées comme châblis, l'adjudicataire est seulement tenu de payer le dommage ; il ne peut enlever ni faire exploiter les arbres ainsi brisés ; les préposés doivent tenir note des accidents de cette nature, marquer de leur marteau les quilles et houppiers des arbres cassés qui doivent être représentés au chef de cantonnement lorsqu'il procède à l'évaluation de l'indemnité due par l'adjudicataire.

7. *Outre-passe.* — On appelle outre-passe, l'exploitation des bois situés hors des limites de la coupe. Il ne peut y avoir outre-passe que dans les coupes délimitées sur le terrain, par des lignes et des bornes, pi-

quets ou corniers. Ce délit, prévu par l'art. 29 du C.
for., entraîne pour l'adjudicataire une amende égale
au triple de la valeur des bois abattus en dehors des limites de la coupe, s'ils ne sont pas plus âgés ni de
meilleure nature ou qualité que ceux de la vente. Si
les bois sont de meilleure nature ou qualité que ceux
de la vente, il paiera l'amende comme pour les bois
coupés en délit et une somme double à titre de dommages-intérêts.

Le délit d'outre-passe doit, autant que possible,
être constaté par deux préposés ; s'il y a incertitude
sur les limites réelles de la coupe, il en sera référé au
chef de cantonnement ; dans le cas contraire, le procès-verbal pourra être dressé immédiatement, il devra
faire connaître l'essence et la grosseur de tous les
arbres de plus de 2 décimètres de tour exploités en
dehors des limites, la quantité en charges d'hommes,
de bêtes de somme, ou de voiture des bois de moins
de 2 décimètres, la valeur des bois ainsi exploités.
(Voyez *Exemple n° 19*).

8. *Vices d'exploitation.* — Les cahiers des charges
générales ou spéciales, le procès-verbal d'adjudication
même, règlent le mode d'exploitation, c'est par un
examen attentif de ces documents et de l'affiche en
cahier qui leur est remise que les préposés pourront
se rendre compte des obligations imposées aux entrepreneurs ou adjudicataires.

Les dispositions du cahier des charges générales
doivent être exécutées toutes les fois qu'il n'y est pas
dérogé d'une manière expresse par les clauses spéciales
ou l'acte d'adjudication.

Celles de ces dispositions qui sont relatives au
mode d'abatage et de nettoiement sont les suivantes :

A moins de clauses contraires, les bois seront exploités à tire et aire à la cognée, le plus près de terre que faire se pourra, de manière que l'eau ne puisse séjourner sur les souches, les racines devront être entières.

Les coupes seront nettoyées, savoir : en ce qui concerne le ravalement des anciens étocs et l'enlèvement des épines, ronces et autres arbustes nuisibles, avant le terme fixé pour l'abatage ; en ce qui concerne le façonnage des ramiers, avant le 1er juin de l'année qui suit l'adjudication.

Les laies séparatives des coupes seront entretenues et les étocs récépés par les adjudicataires qui, à mesure de l'exploitation, feront enlever les bois qui tomberont sur ces laies afin qu'elles soient toujours libres.

9. Nous pensons qu'en général, les préposés doivent s'abstenir de consta'er de leur propre mouvement les contraventions relatives au mode d'exploitation, lorsque cette constatation peut être faite par les agents au moment du récolement. Les traces d'une exploitation vicieuse subsistent toujours, et il nous a paru convenable de laisser aux agents le soin de reconnaître s'il y a lieu d'intenter des poursuites : les gardes devront seulement engager les adjudicataires ou leurs facteurs à prescrire aux ouvriers de se conformer aux clauses de leur adjudication, pour ce qui concerne la manière de couper les bois sur pied et donner avis au chef de cantonnement de l'état de la coupe.

Il n'en est pas de même pour les contraventions qui ne laissent pas de traces matérielles ; si, par exemple, les arbres sont abattus avant d'être ébranchés quand l'ébranchement est prescrit, si l'exploitation se fait en jardinant au lieu d'être faite à tire et aire, si les racines sont arrachées ; s'il est fait usage de la scie pour l'abatage, quand l'emploi de cet instrument n'est pas autorisé, les préposés doivent verbaliser. (Voyez *Exemple n° 20*).

10. Le nettoiement des coupes, le ravalement des étocs, doit être terminé à l'époque fixée pour les délais d'exploitation, c'est à-dire au 15 avril, s'il n'est pas autrement stipulé. Les préposés veilleront à ce que les adjudicataires ne se laissent pas mettre en retard pour ces travaux ; si malgré les avertissements qu'ils reçoivent, ceux-ci négligeaient de faire récéper les vieilles souches, ou de faire enlever les épines et autres arbustes, quand cet enlèvement est ordonné, s'ils laissaient les lignes de coupes encombrées de ramiers et si le façonnage de ces ramiers n'était pas terminé à l'époque prescrite, le garde du triage devra constater la contravention par un procès-verbal indiquant exactement en quoi elle consiste, et l'importance du préjudice qu'elle a pu causer. (Voyez *Exemple n° 21*).

11. *Travail de nuit.* — Les adjudicataires ne pourront effectuer aucune coupe ni enlèvement de bois avant le lever ni après le coucher du soleil. (C. for., 35).

Cette disposition a pour but d'empêcher les ouvriers de s'introduire dans les bois au moment où les délits sont plus faciles à commettre impunément ; elle s'applique non seulement aux ouvriers employés directement par l'adjudicataire, mais encore aux voituriers des acheteurs qui chargeraient où enlèveraient du bois pendant la nuit.

Les procès-verbaux que les préposés peuvent être dans le cas de rédiger à raison de contraventions de cette nature, doivent indiquer la coupe d'où proviennent les bois exploités ou enlevés nuitamment et le nom de l'adjudicataire; car c'est ce dernier qui est mis en cause, et non les ouvriers ou voituriers qui sont considérés comme agissant d'après ses ordres; l'heure où le délit a été constaté doit être indiquée.

12. *Écorcement sur pied.* — A moins d'une clause expresse dans le procès-verbal d'adjudication, il est interdit de peler ou écorcer sur pied aucun des bois de la coupe, sous peine d'une amende de 50 à 500 **fr.** (C. for., art. 36).

L'écorcement sur pied est seul prohibé par cette disposition, les adjudicataires ont le droit de faire écorcer les bois abattus; mais si le procès-verbal d'adjudication ne mentionne pas qu'il y a faculté d'écorcement, ils ne jouissent pas de la prorogation de délai d'exploitation accordée pour les coupes où cette faculté est réservée.

Les procès-verbaux rédigés pour les faits d'écorcement sur pied doivent faire connaître la quantité et la valeur des bois et des écorces ainsi façonnés en **délit,** et en constater la saisie.

Cette saisie n'est pas effective, c'est-à-dire qu'il **n'y** aura pas lieu de faire transporter les bois pelés et **les** écorces hors de la vente et de les mettre en séquestre; les gardes se borneront à déclarer la saisie à l'adjudicataire, et à apposer l'empreinte de leur marteau sur les bois et écorces, dont l'adjudicataire n'a **plus** le droit de disposer.

13. *Loges et ateliers.* — Il ne pourra être établi de fourneaux, fosses à charbon, loges ou ateliers dans les ventes que dans les lieux qui seront indiqués par écrit par l'agent forestier, à peine d'une amende **de** **50 fr.** pour chaque fosse, loge ou atelier établi **en** contravention à cette disposition. (C. for., 38).

La désignation de l'emplacement des loges, fourneaux ou ateliers, est faite par le chef de cantonnement ou le brigadier délégué : il est marqué un témoin
à proximité de chacun des emplacements indiqués ;
les préposés s'assureront que les ouvriers n'établissent
pas leurs ateliers, loges ou fourneaux avant cette désignation, et qu'ils les placent aux lieux prescrits.

En cas de contravention, ils rédigeront un procès-
verbal qui fera connaître le nombre des loges ou ateliers ainsi établis sans autorisation

14. *Feux allumés.* — Il est interdit aux adjudicataires, leurs facteurs ou ouvriers, d'allumer du feu
ailleurs que dans les loges ou ateliers sous peine d'une
amende de 10 à 100 fr., sans préjudice de la réparation
du dommage qui pourrait résulter de cette contravention. (C. for., art. 42).

Cette disposition s'applique au cas où les adjudicataires ou leurs ouvriers allument, sans pour cela établir d'ateliers ou de fourneaux à charbonner, des feux
hors des emplacements désignés à cet effet. La constatation de cette contravention ne présente aucune
difficulté, il suffira de faire connaître que le point où
le feu a été allumé n'a pas été désigné pour l'établissement d'une loge ou d'un fourneau.

15. *Faux chemins.* — La traite des bois se fera par
les chemins désignés au cahier des charges, sous peine
contre ceux qui en pratiqueraient de nouveaux. d'une
amende dont le minimum est de 50 fr. et le maximum
de 200 fr., outre les dommages-intérêts. (C. for.,
art. 39).

Les chemins par lesquels doit s'opérer le transport
des produits de la coupe, sont indiqués par le procès-
verbal d'adjudication ; ils sont mentionnés dans l'affi-

che en cahier dont les préposés ont un exemplaire entre les mains.

Non-seulement les adjudicataires ne doivent pas pratiquer dans les coupes des chemins nouveaux, mais il ne leur est même pas permis de se servir des voies de vidange existantes qui ne leur sont pas désignées ; ils ne peuvent non plus s'écarter des chemins indiqués, quand bien même ils seraient tout à fait impraticables. C'est à eux à faire réparer les dégradations qui en rendent le parcours difficile, ou à s'adresser au Conservateur pour obtenir qu'il leur en soit désigné d'autres.

Les dispositions de l'article 39 s'appliquent aux faits de passage illicite, commis tant par les adjudicataires ou leurs ouvriers, que par les voituriers des acheteurs.

Lorsque les gardes constatent des délits de cette nature, leurs procès-verbaux doivent faire connaître quels sont les adjudicataires des coupes dont les produits sont ainsi enlevés par des chemins défendus, l'importance du dommage causé, s'il y a lieu.

Si les voitures ou bestiaux trouvés hors des chemins ordinaires n'appartiennent pas à l'adjudicataire ou à ses ouvriers, si elles ne sont pas employées à la traite du bois, le délit rentre dans le cas que nous avons examiné au Chap. V § 19 et suivants.

16. *Délais d'exploitation et de vidange.* — La coupe des bois et la vidange des ventes seront faites dans les délais fixés par le cahier des charges, à moins que les adjudicataires n'aient obtenu de l'administration forestière une prorogation de délai, à peine d'une amende de 50 à 500 francs, et, en outre, des dommages-intérêts dont le montant ne pourra être in-

férieur à la valeur des bois restés sur pied ou gisant sur la coupe, il y aura lieu à la saisie de ces bois à titre de garantie pour les dommages-intérêts.

La constatation des contraventions relatives aux retards d'exploitation ou de vidange, est plutôt du ressort des agents que de celui des préposés ; à moins de prescriptions contraires ceux-ci ne doivent rédiger leurs procès-verbaux qu'après en avoir référé au chef de cantonnement.

A moins de dispositions différentes dans le cahier des clauses spéciales ou l'acte d'adjudication, les délais fixés sont pour l'abatage le 15 avril qui suit l'année de l'adjudication, et le 15 avril de l'année suivante pour la vidange.

A la première de ces dates, tous les bois de la vente doivent être abattus ; la coupe doit être complètement vidée au 15 avril de l'année suivante.

Dans les coupes vendues avec faculté d'écorcer, ces délais sont prorogés pour l'abatage jusqu'au 1er juin, le délai de vidange reste le même.

17. Lorsque les préposés reconnaissent que l'exploitation languit faute d'ouvriers, ils doivent avertir l'adjudicataire de se mettre en mesure, soit en activant ses travaux, soit en sollicitant une prorogation de délai ; c'est surtout aux entrepreneurs des coupes affouagères qu'il importe de réitérer ces avertissements, car ils ignorent souvent les conditions qu'ils ont acceptées.

Au terme fixé par le cahier des charges, la vidange doit être complètement terminée, les copeaux, sciures et autres remanents doivent être enlevés, les loges et barraques démolies et leurs matériaux transportés hors de la forêt ; il ne suffit pas que les bois soient déposés hors des coupes sur les places vides, chemins de vidange ou autres terrains dépendant de la forêt, ils doivent être transportés hors du sol forestier.

18. Les procès-verbaux que les gardes peuvent être dans le cas de rédiger pour les contraventions de cette nature, devront indiquer la valeur des bois restés sur pied, s'il s'agit d'un retard d'exploitation ; celle des bois gisants dans la coupe, s'il s'agit d'un retard de vidange ; l'estimation des bois gisants ne présente aucune difficulté, il suffira de procéder au dénombrement des produits non encore enlevés et d'appliquer aux quantités trouvées, les prix de la localité. L'estimation des bois restés sur pied peut être faite par arbre, si la coupe a été marquée en délivrance, dans ce cas, le procès-verbal fera connaître le nombre et la valeur des arbres désignés pour être exploités qui n'ont pas été abattus.

S'il s'agit d'une coupe marquée en réserve, les gardes ne pourraient arriver à connaître l'estimation des bois non exploités qu'à l'aide de calculs qui ne sont pas de leur compétence ; ils se borneront dans ce cas à faire connaître le rapport de la surface de la partie non exploitée à la contenance totale de la coupe en indiquant, par exemple, qu'il reste à abattre le tiers, le quart ou telle autre fraction de la coupe, ils évalueront approximativement sa valeur.

Le procès-verbal devra constater la saisie des bois restés sur pied ou gisants dans les ventes ; cette saisie n'implique pas le transport et la mise en séquestre des bois ainsi enlevés à la libre disposition de l'adjudicataire, elle est purement nominale mais après que le procès-verbal a été dressé et revêtu des formalités légales, l'adjudicataire n'a plus le droit de faire acte de propriété sur les objets saisis. Les bois restés sur pied ne peuvent être exploités, les produits restés sur le parterre de la vente ne peuvent en être enlevés.

19. *Dépôt illicite.* — Les adjudicataires ne pourront déposer dans leurs ventes d'autres bois que ceux qui en proviennent, à peine d'une amende de 100 à 1,000 fr. (C. for., 43.)

Cette contravention se produit fort rarement; les procès-verbaux qui la constatent doivent indiquer les circonstances de ce dépôt illicite et faire connaître comment il a été établi que les bois dont l'origine est controversée, ne proviennent pas de la coupe où ils sont déposés.

20. *Délits à l'ouïe de la cognée.* — Les adjudicataires sont responsables, non seulement des délits commis tant dans les ventes qu'à l'ouïe de la cognée par leurs ouvriers, bûcherons et voituriers, mais encore de ceux qui sont commis dans le même périmètre par des délinquants étrangers; toutefois, dans ce dernier cas, leur responsabilité cesse si les gardes-ventes constatent ces délits par des procès-verbaux réguliers remis à l'agent forestier dans le délai de cinq jours. (C. for., art. 45 et 46.)

L'espace appelé ouïe de la cognée est fixé à 250 mètres à partir des limites de la coupe (C. for., 31); tous les délits commis dans le rayon ainsi déterminé, sont censés l'avoir été par l'adjudicataire ou ses ouvriers, et pour que celui-ci soit déchargé de la responsabilité qu'il encourt, il faut que son garde-vente les constate régulièrement.

21. Il ne suffit pas que le facteur informe le garde ou les agents qu'un délit vient de se commettre, il est indispensable qu'il dresse lui-même le procès-verbal et qu'il le transmette dans les cinq jours. Ce préposé de l'ad-

judicataire est spécialement chargé de la surveillance de la coupe et de ses abords, il est présumé y être toujours présent, et la distance à laquelle s'étend la responsabilité de l'adjudicataire est déterminée par cette considération que l'on peut entendre de la vente les bruits qu'occasionnent les délits qui s'y commettent ; c'est donc à lui qu'il appartient de les constater d'abord.

Il est évident que si les délits sont commis par les ouvriers de l'adjudicataire, le procès-verbal que dresse le facteur ne décharge pas l'adjudicataire de sa responsabilité.

22. Si les gardes reconnaissent l'existence de délits dont la date remonte à plus de cinq jours, dans la vente ou à l'ouïe de la cognée, et si ces délits n'ont pas été constatés par le facteur, ils rédigeront leur procès-verbal dans la forme ordinaire, seulement ils n'auront pas à en rechercher les auteurs, il suffira d'indiquer qu'ils ont été commis dans le rayon de l'ouïe de la cognée depuis plus de cinq jours.

S'ils trouvent les délinquants en flagrant délit, ils pourront indiquer leurs noms et qualités afin que l'agent supérieur de l'arrondissement puisse les poursuivre directement, s'il le juge convenable.

En ce qui concerne les délits commis dans les ventes ou à l'ouïe de la cognée, la responsabilité des adjudicataires ne cesse qu'après le récolement.

23. *Coupes affouagères.* — Les coupes délivrées en affouage aux usagers dans les bois domaniaux et aux habitants des communes propriétaires de bois, sont exploitées par des entrepreneurs responsables qui, assimilés complètement aux adjudicataires des coupes vendues, sont soumis aux mêmes obligations qu'eux.

Quelles que soient les habitudes locales et la durée de la tolérance des agents ou gardes forestiers, aucun habitant d'une commune propriétaire de bois ou usager dans les bois domaniaux ou communaux, n'a le droit d'exploiter sans avoir obtenu le permis de l'agent forestier, chef de service.

Cette règle est de rigueur, et les préposés doivent considérer comme délinquants ordinaires ceux qui ne s'y conformeraient pas.

Les habitants des communes usagères ou propriétaires de bois exploitent souvent eux-mêmes la coupe régulièrement délivrée à un entrepreneur responsable, agréé par l'agent chef de service. Cet entrepreneur fictif, puisqu'il ne fait pas opérer pour son compte les travaux de l'exploitation, est aux yeux de l'administration assujéti aux mêmes conditions que s'il faisait façonner les bois par des ouvriers à sa solde.

24. La loi ne prohibe pas les arrangements qui peuvent être pris par la commune ou les usagers avec ces entrepreneurs pour diminuer les frais de l'exploitation ; mais c'est à la condition que les allouagistes ne feront aucun partage sur pied. La coupe délivrée en bloc doit être exploitée à tire et aire, et non pas individuellement par chaque ayant-droit ; ce n'est qu'après l'entier abatage des bois qu'il doit être procédé au partage : tout partage anticipé est puni de la confiscation des bois afférents aux contrevenants ; les préposés qui toléreraient ces partages seront punis d'une amende de 50 fr., et encourent la responsabilité de la mauvaise exploitation et de tous les délits qui peuvent avoir été commis. (C. for., 81.)

25. Il ne faut pas confondre le partage sur pied avec le lotissement que font les ouvriers de la coupe

pour répartir le travail entr'eux. Ce que la loi prohibe, c'est seulement l'exploitation individuelle par chaque affouagiste des bois qui lui sont dévolus ; mais lorsque chacun des exploitants ne sait d'avance à qui reviendront les bois qu'il façonne, puisqu'ils ne sont partagés qu'après l'exploitation, il n'y a pas contravention.

Les procès-verbaux que les préposés peuvent être dans le cas de dresser pour des délits de partage sur pied, doivent faire connaitre les circonstances dans lesquelles ce partage a été fait ; ils constateront la saisie des bois ainsi indument partagés.

26. Pendant la durée des exploitations des coupes affouagères, les gardes n'ont de relations directes qu'avec les entrepreneurs ; c'est à eux qu'ils doivent adresser toutes les observations utiles pour la bonne direction des travaux ; c'est contr'eux que doivent être rédigés tous les procès-verbaux de délit commis par les affouagistes employés à l'exploitation dans les coupes ou à l'ouie de la cognée.

Toutes les contraventions relatives au mode d'exploitation, au nettoiement, à la vidange, se constatent comme dans les coupes vendues ; c'est à l'entrepreneur à veiller à ce que les ouvriers ou affouagistes qu'il emploie, s'acquittent convenablement de leur besogne ; c'est à lui à prendre les mesures nécessaires pour que la vidange soit terminée en temps utile ; si des lots n'étaient pas enlevés à l'expiration des délais, c'est contre lui qu'on dressera le procès-verbal et non contre les possesseurs des lots restés dans la vente ; c'est encore l'entrepreneur qui sera mis en poursuite si les affouagistes n'opèrent pas la traite des bois par les chemins désignés au permis d'exploiter.

27. Les préposés forestiers n'ont pas à s'immiscer dans les questions relatives à la répartition des bois entre les affouagistes, au paiement des taxes d'affouage, à l'enlèvement des lots afférents à chacun des ayant-droit ; c'est à l'entrepreneur à faire les lots d'affouage, à veiller à ce qu'ils ne soient enlevés qu'après paiement des taxes et par les individus auxquels ils sont dévolus. Les gardes n'ont qu'à s'occuper de faire exécuter les lois et règlements forestiers ; mais dans les coupes affouagères comme dans les coupes vendues, la délivrance des produits exploités échappe à leur compétence.

28. *Emploi des bois de construction et de chauffage.* — Il est cependant des circonstances où l'action de l'administration forestière ne cesse pas, même lorsque les produits des coupes ont été transportés au domicile des affouagistes lorsque ceux-ci sont simplement usagers.

Les bois qui leur sont délivrés soit pour leur chauffage, soit pour la réparation de leurs maisons, sont affectés à leur usage personnel ; ils ne peuvent être ni échangés ni vendus, et les bois de construction doivent être employés dans le délai de deux ans. (C. for., art. 83 et 84.)

Cette prohibition ne s'applique qu'aux usagers et non aux habitants des communes propriétaires de bois où l'on délivre les coupes en nature. Ces derniers peuvent disposer des bois qui leur sont délivrés comme ils l'entendent.

Les procès-verbaux que les préposés peuvent être dans le cas de dresser contre les usagers à raison de faits de vente des bois délivrés, doivent faire connaître les circonstances de la vente ou de l'échange, et la valeur des bois de construction ainsi vendus ou échangés.

Si les bois de construction n'ont pas été employés dans le délai de deux ans depuis la délivrance, le procès-verbal devra indiquer la date de cette délivrance et constater la saisie des bois qui, jusqu'après le jugement à intervenir, ne pourront être ni détournés ni employés par l'usager.

28. *Bois mort.* — 29. Ceux qui n'ont d'autre droit que celui de prendre le bois mort, sec et gisant, ne pourront, pour l'exercice de ce droit, se servir de crochets ou ferrements d'aucune espèce, à peine d'une amende de 3 fr. (C. for. 80.)

30. Indépendamment des usagers au bois mort, un certain nombre d'individus sont annuellement autorisés en vertu d'une décision ministérielle du 19 septembre 1853, à ramasser dans les bois et forêts soumis au régime forestier, le bois mort gisant. Cette autorisation est accordée aux indigents par le chef de service sur la présentation de listes dressées par les Maires des communes voisines des forêts.

Les personnes aussi autorisées sont munies d'une carte sur laquelle sont inscrits leurs noms, prénoms, domiciles, et les conditions sous lesquelles la permission est accordée.

Cette carte doit être présentée à toute réquisition des gardes.

Ceux-ci s'assureront si l'enlèvement du bois ne donne lieu à aucun abus, et si les permissionnaires profitaient de la tolérance qu'on leur accorde pour couper ou briser des bois verts ou secs, ils constateront le délit, car la permission n'a pour objet que l'enlèvement du bois mort gisant.

Les porteurs de cartes ne doivent employer aucuns liens ou harts provenant des forêts ; ils ne peuvent être munis d'aucun instrument propre à couper le bois, à peine d'être poursuivis en vertu des dispositions de l'art. 146. (Voir Chap. V, § 13.)

CHAPITRE VII.

CHASSE.

SOMMAIRE.

Permis de chasse. — Temps prohibé. — Fermiers et co-fermiers. — Affirmation des procès-verbaux. — Louveterie.

1. Dans les bois soumis au régime forestier, nul ne peut chasser à l'exception des fermiers, co-fermiers et des personnes en nombre déterminé qui les accompagnent.

2. *Permis de chasse.* — Dans les bois domaniaux, les fermiers et co-fermiers ne pourront se livrer à la chasse qu'après avoir obtenu, indépendamment du permis de chasse de l'autorité compétente, un permis spécial de l'agent chef de service ; ils seront tenus d'exhiber ce permis à toute réquisition. (Cahier des charges, art. 17.)

3. *Temps prohibé.* — Nul ne pourra chasser si la chasse n'est ouverte et s'il ne lui a été délivré un permis de chasse (Chasse, art. 1er). L'époque de l'ouverture et de la clôture de la chasse est fixée chaque année par des arrêtés préfectoraux.

4. Les préposés veilleront à ce que, dans le temps où la chasse est close, personne ne s'y livre dans les bois confiés à leur surveillance.

Ils constateront toute contravention par des procès-verbaux indiquant les noms, prénoms et demeures des délinquants, l'espèce d'armes, engins, piéges ou chiens employés par eux.

Il leur est défendu de désarmer les chasseurs; mais ils doivent donner une description exacte des armes et même leur évaluation approximative.

Les procès-verbaux devront faire connaître si les chasseurs sont fermiers, co-fermiers, s'ils sont accompagnés de personnes ayant acquis le droit de chasse ; — s'ils sont déguisés, s'ils refusent de se faire connaître ou s'ils ont donné de faux noms.

Si les délinquants ne sont pas munis de permis de chasse, il sera dressé un procès-verbal distinct pour cette contravention.

5. *Fermiers et co-fermiers.* — Dans les temps où la chasse est permise, les gardes veilleront à ce qu'elle ne soit exercée que par les fermiers ou co-fermiers ; à ce que ceux-ci soient, ainsi que les personnes qui les accompagnent, munis de permis de chasse ; et pour les bois domaniaux, ils s'assureront s'ils ont obtenu le permis spécial du chef de service, si le nombre des chasseurs n'excède pas celui fixé par le cahier des charges, s'ils n'emploient pas des engins ou modes de chasse prohibés.

6. *Affirmation des procès-verbaux.* — Les contraventions seront constatées par des procès-verbaux renfermant les renseignements indiqués précédemment. (1)

---

(1) Les procès-verbaux pour délit de chasse doivent être affirmés dans les vingt-quatre heures du délit. (Loi sur la chasse art. 24.)

6.

7. Le braconnage doit être l'objet d'une surveillance active, les préposés parcourant les lisières des bois examineront avec soin les passées par où peuvent être placés des collets; s'ils reconnaissent une tendue, ils ne la détruiront pas immédiatement, mais ils s'établiront en embuscade pour en saisir l'auteur en flagrant délit.

Ils veilleront à la conservation des portées des chevreuils et autres bêtes fauves, et ne permettront pas la destruction des nids d'oiseaux.

8. Les préposés forestiers qui constatent des infractions à la loi sur la chasse, reçoivent des gratifications réglées ainsi qu'il suit par l'ordonnance du 5 mai 1845.

8 fr. pour les délits : de chasse sans permis, — de chasse sur le terrain d'autrui sans le consentement du propriétaire, — pour les contraventions aux arrêtés préfectoraux qui règlent la chasse des oiseaux de passage, du gibier d'eau, l'emploi des chiens-levriers, la chasse en temps de neige, — pour les délits de prises ou destruction des couvées de faisans, perdrix ou cailles, — pour les contraventions aux clauses et conditions de leurs cahiers des charges, commises par les fermiers ou co-fermiers.

15 fr. pour les délits : de chasse en temps prohibé, — de chasse de nuit ou à l'aide d'engins prohibés, — pour les faits de possession ou de transport d'engins prohibés, — pour ceux d'achat, vente ou colportage de gibier en temps prohibé, — pour l'emploi de drogues ou appâts propres à enivrer ou détruire le gibier, — pour l'emploi d'appeaux, appelants ou chanterelles.

25 fr. pour le délit de chasse de nuit dans un terrain clos attenant à une habitation.

Il ne peut être alloué qu'une seule gratification, lors

même que plusieurs gardes auraient concouru à la rédaction du procès-verbal constatant le délit. — La gratification est acquittée par les receveurs de l'enregistrement sur la demande des garde-rédacteurs du procès-verbal. — Cette demande doit être appuyée d'un extrait du jugement et transmise au chef de service.

9. *Louveterie*. — Les lieutenants de louveterie ont le droit de chasser le sanglier à courre dans tous les bois soumis au régime forestier deux fois par mois, pendant le temps où la chasse est ouverte.

Les fermiers et co-fermiers peuvent aussi détruire, mais au moyen de piéges seulement, les animaux nuisibles dans le temps où la chasse est prohibée.

Les préposés ne s'opposeront pas à l'exercice de ces droits.

Lorsque les battues seront ordonnées par le Préfet, ils y seront appelés ; ils dirigeront les rabatteurs et veilleront à ce qu'on ne tire que sur les animaux déclarés nuisibles.

Les préposés devront prendre toutes les mesures nécessaires pour la réussite de ces chasses, ils accompagneront les piqueurs ou, à leur défaut, feront le bois au point du jour pour retrouver l'enceinte où sont remis les animaux signalés; ils placeront les tireurs en prenant toutes les précautions possibles pour éviter les accidents. Auxiliaires indispensables des officiers de louveterie ou des agents qui conduisent la battue, ils contribuent pour une grande part au succès de ces opérations.

Il est interdit aux gardes de chasser ; ils ne peuvent obtenir de permis de chasse. (L. chasse, art. 7.)

CHAPITRE VIII.

PÊCHE.

1. Des préposés spéciaux désignés sous le nom de gardes-pêche, sont chargés d'exercer la surveillance sur les cours d'eau navigables ou flottables, dont la pêche est affermée au profit de l'Etat.

Les gardes forestiers assurent l'exécution des lois et règlements sur les cours d'eau de toute catégorie dont la pêche appartient aux riverains.

Les gardes-pêche sont complètement assimilés aux gardes forestiers.

2. *Procès-verbaux.* — Toutes les règles exposées au chapitre IV, sur la constatation des délits forestiers, s'appliquent aux délits et contraventions en matière de pêche ; il n'y a de différence qu'en ce qui concerne les renseignements spéciaux à la nature du délit et les saisies ou visites domiciliaires.

Nous indiquerons, en examinant séparément chaque espèce de délit, les renseignements que doivent renfermer les procès-verbaux.

3. *Saisies.* — La saisie de filets et engins prohibés s'effectue comme pour les bois ou instruments de délit; mais si la saisie porte sur du poisson pêché en délit, les préposés rédacteurs du procès-verbal doivent présenter cet acte régulièrement affirmé au juge de paix, dans le chef-lieu de canton, ou au Maire dans les autres communes, et requérir la vente du poisson. (Voir *Exemple* n° 24.)

Ils ne peuvent procéder à cette vente qui doit être faite par le receveur des domaines, le Maire ou le commissaire de police. (L. pêche, 42-46.)

Les gardes ne pourront sous aucun prétexte s'introduire dans les maisons et enclos y attenant pour la recherche de filets prohibés. (L. pêche, art. 40.)

4. *Empoisonnement.* — L'empoisonnement des cours d'eau est le délit le plus grave et le plus dommageable que puissent commettre les pêcheurs : c'est un de ceux dont la constatation est la plus difficile; les préposés doivent y apporter toute leur surveillance.

La chaux, la coque du levant, le suc de tithymale, sont les substances le plus généralement employées. La première est à beaucoup près la plus nuisible, car le rayon de son action s'étend à une certaine distance. On reconnaît qu'un ruisseau a été empoisonné avec la chaux, à la coloration laiteuse des eaux et au dépôt blanchâtre qui se forme sur les bords ; on le reconnaît plus sûrement encore à la présence d'une quantité de poissons morts que leur petitesse a fait négliger par les pêcheurs. Le poisson pris à l'aide de la chaux est décoloré ; il a les ouïes ternes et sa chair est ramollie ; il en est de même, au reste, de celui qu'on empoisonne à l'aide d'autres substances.

Si les préposés reconnaissent ou apprennent qu'on

empoisonne les cours d'eau de leurs triages ils cher-
cheront par tous les moyens possibles à prendre les
pêcheurs en flagrant délit ; s'ils ne peuvent voir jeter
dans les ruisseaux les substances délétères, ils sur-
prendront les auteurs du délit au moment où ils ra-
massent le poisson empoisonné ; ils relateront toutes
circonstances qui peuvent les faire soupçonner d'avoir
employé ce moyen coupable et feront connaître s'il
a été trouvé en leur possession des sacs à chaux, des
débris de substances vénéneuses, et enfin tous les indices accusateurs qu'ils auront pu recueillir ; ils indiqueront aussi les espèces et dimensions des poissons
qu'ils trouveront en leur possession.

5. *Cours d'eau appartenant à l'Etat.* — La pêche,
dans les cours d'eau navigables ou flottables, appartient à l'Etat qui en fait l'objet d'une adjudication. Les
fermiers de la pêche ou leurs ayant-droit ont seuls le
droit de s'y livrer ; s'il n'y a pas de fermiers ou de porteurs de licence, la pêche y est prohibée d'une manière
absolue.

Les procès-verbaux que les gardes-pêche peuvent
être dans le cas de dresser contre les pêcheurs étrangers au fermier, indiqueront après les renseignements
relatifs aux noms, prénoms, âge et domicile, à l'heure
et au lieu du délit, le mode de pêche, la nature des
filets ou engins employés, et la dimension des poissons
saisis.

La dimension des poissons se mesure par la longueur entre l'œil et la queue ; cette longueur s'exprime
en parties décimales du mètre.

Les gardes forestiers et de la pêche n'ont pas, dans
les cours d'eau qui ne sont ni navigables ni flottables,
à garantir les droits des riverains à qui la pêche ap-

partient; et, quoique le simple fait de pêche dans ces cours d'eau commis en temps permis et avec des filets autorisés, par un individu qui n'est ni riverain, ni autorisé par les riverains, constitue un délit, comme ce délit ne porte atteinte qu'à un droit privé, il ne doit pas être constaté d'office par les gardes.

Il n'en serait pas de même si le fait de pêche avait lieu en temps prohibé ou par des modes non autorisés. Comme alors il y a contravention à des lois et règlements de police, le délit doit être constaté, quand même il serait commis par un riverain. Si la pêche des cours d'eau qui traversent les forêts, soit domaniales, soit communales, n'est pas affermée, les gardes doivent en interdire l'accès aux pêcheurs d'une manière absolue.

6. *Temps prohibé.* — Les arrêtés préfectoraux qui varient suivant chaque département, fixent les temps, saisons et heures pendant lesquels la pêche sera interdite dans les cours d'eau.

Les dispositions de ces arrêtés s'appliquent aux cours d'eau de toute nature. En temps prohibé, l'exercice de la pêche peut être, ou totalement ou partiellement suspendu ; totalement, si les arrêtés n'indiquent aucune distinction entre les espèces de poissons dont la pêche est interdite ; partiellement, s'ils établissent des distinctions et prohibent la pêche d'espèces déterminées en autorisant celle des autres. Dans ce dernier cas, les préposés auront à s'assurer que les pêcheurs ne prennent pas les poissons dont la pêche n'est pas permise, et qu'ils rejettent en rivière ceux des espèces qu'il n'est pas permis de prendre.

Les procès-verbaux qu'ils seront dans le cas de dresser devront indiquer le mode de pêche, le nombre et la dimension des poissons saisis, la nature et les dimensions des engins employés.

Les arrêtés préfectoraux règlent encore les dimensions au-dessous desquelles les poissons d'espèces déterminées devront être rejetés en rivière ; la capture des poissons dont les dimensions sont inférieures à celle qui est indiquée dans ces règlements, constitue un délit, et doit être réprimée. Les préposés constateront ce délit, en visitant les paniers et bannetons des pêcheurs, ils saisiront les poissons pêchés en contravention au règlement et mentionneront sur leurs procès-verbaux leur espèce et leurs dimensions.

7. *Engins prohibés*. — L'ouverture des mailles des filets, l'écartement des baguettes des nasses, verveux ou bires. dont l'emploi est autorisé, est réglé par l'ordonnance royale du 15 novembre 1830.

Les mailles des filets employés à la grande pêche doivent avoir 30 millimètres d'ouverture, les baguettes des engins d'autre nature doivent avoir le même écartement.

Les filets ou engins employés à la pêche des petits poissons tels que goujons, ablettes, loches et verons, ont 15 millimètres d'ouverture. Les nasses en jonc ou osier ne sont soumis à aucune restriction quant à l'écartement des verges.

Pour mesurer exactement et facilement ces dimensions, les préposés se muniront d'un calibre formé d'un morceau de bois taillé en forme de tronc de pyramide quadrangulaire, dont la grande base aura 30 millimètres de côté, et la petite 15 ; en passant ce calibre dans les mailles du filet mouillé, on vérifie immédiatement s'il a les dimensions prescrites.

8. Tout filet ou engin qui n'aura pas les dimensions prescrites, sera saisi et déposé au greffe du tribunal. Cette saisie peut être opérée sans que les pêcheurs soient pris en flagrant délit, il suffit qu'ils en soient trouvés porteurs hors de leur domicile. (L. pêche, 29.)

Le procès-verbal sera dressé, même dans le cas où les propriétaires des engins ne seraient pas reconnus. En cas de refus de la part des délinquants de remettre immédiatement le filet déclaré prohibé, après la sommation du garde, ils seront condamnés à une amende de 50 fr. (L. pêche, 41.)

9. *Pêche à la ligne.* — La pêche à la ligne volante, c'est-à-dire, tenue à la main, est autorisée en temps permis sur les cours d'eau navigables et flottables; tout individu peut se livrer à ce mode de pêche.

Quand l'emploi de la ligne dormante sera prohibé, les gardes s'assureront en parcourant les bords des cours d'eau qu'aucun de ces engins n'y a été placé. A cet effet, ils se muniront d'une balle en plomb attachée à l'extrémité d'une ficelle et suspendue à une baguette, en traînant cette balle le long du bord, ils retrouveront les cordes qui retiennent les hameçons aux racines des arbres et des roseaux, les attaches des nasses et verveux, pourront être découvertes par ce procédé. Les préposés vérifieront si les poissons employés comme appâts ou amorces, sont des espèces dont l'emploi est autorisé pour cet usage.

10. *Modes de Pêche.* — Les arrêtés préfectoraux déterminent les filets ou engins, les modes et procédés de pêche dont l'emploi est autorisé ou défendu. Ces modes varient essentiellement suivant les lieux et les espèces de poissons. Ce n'est que par une étude spéciale de chaque arrêté, que les gardes pourront se

mettre en mesure d'assurer l'exécution des dispositions qu'ils renferment ; leurs procès-verbaux doivent toujours faire connaître d'une manière précise le mode de pêche employé par les délinquants, la nature des engins et leurs dimensions.

Le barrage complet des cours d'eau au moyen de digues ou passelis, est toujours interdit. Cette interdiction ne met toutefois pas obstacle au maintien des digues ou écluses construites pour le service des usines; elle ne s'applique qu'aux barrages faits dans un but de pêche.

Si les déversoirs des moulins ou autres établissements mus par des chutes d'eau sont utilisés pour la pêche fixe, il doit être réservé soit dans la digue, soit ailleurs, une ouverture suffisante pour que le passage du poisson ne soit pas complètement intercepté.

11. *Vente et Co'portage.* — La vente et le colportage des poissons qui n'ont pas les dimensions prescrites par les règlements est prohibée. Cette prohibition ne s'applique pas aux poissons provenant d'étangs ou réservoirs. Les préposés surveilleront les marchés où autres lieux où se débite le poisson et constateront toute contravention par des procès-verbaux indiquant l'espèce et la dimension des poissons mis en vente.

12. *Cahier des Charges.* — Indépendamment des dispositions générales des lois et règlements, qui s'appliquent aux cours d'eau de toute catégorie et à toutes personnes, les gardes-pêche ont à faire exécuter celles du cahier des charges. Ces dispositions sont relatives :

1° Aux permis que les fermiers ou sous-fermiers doivent obtenir du chef de service avant de se livrer à la pêche et qu'ils sont tenus de représenter à toute réquisition.

2° Au plombage des filets ou engins autorisés. L'emploi de tout filet ou engin non revêtu du sceau de l'administration, est puni comme un délit et doit être constaté. Le filet devra être saisi s'il est de l'espèce de ceux dont l'usage est interdit ou si ses mailles n'ont pas les dimensions règlementaires ; dans le cas contraire il n'y pas lieu à saisie.

3° Au nombre et à la désignation des bateaux.

Il suffit de lire le cahier des charges pour se rendre compte de la portée de ces règles de police.

Les fermiers de la pêche, sous-fermiers, porteurs de licence, baliseurs, mariniers, bateliers, et en général tous individus autorisés à circuler en bateau sur les fleuves ou rivières navigables ou flottables, sont assujettis à la visite des préposés de la pêche. Ceux qui s'opposeront à cette visite, sont passibles d'une amende de 50 fr.

Les fermiers de la pêche sont tenus d'amener leurs bateaux à toute réquisition des gardes.

CHAPITRE IX.

DÉFRICHEMENT.

Prohibitions. — Exceptions. — Coupe à blanc étoc. — Défrichement des bois communaux.

1. *Prohibitions*. La prohibition de défricher, inserée dans le Code forestier, devait cesser vingt ans après sa promulgation ; les lois édictées depuis l'expiration de ce terme ont successivement prorogé le délai fixe par ce Code. Le corps législatif est actuellement saisi d'un projet de modification qui mettra sans doute fin au régime transitoire sous lequel se trouvent les bois de particuliers. Comme ces modifications paraissent ne pas devoir détruire le principe même de la prohibition, nous avons cru devoir traiter la question du défrichement au point de vue de la loi actuelle, sauf à rectifier ultérieurement les indications qui deviendraient surannées.

2. *Exceptions*. — L'article 219 du Code forestier prohibe tout défrichement opéré sans autorisation préalable. L'autorisation est accordée par le ministre ; toutefois, il n'est pas besoin d'autorisation pour défricher :

1° Les terrains semés ou plantés en bois depuis moins de vingt ans, à moins que ces terrains n'aient été

— 113 —

plantés ou semés en exécution d'un jugement pour remplacer des bois défrichés.

2° Les bois de moins de quatre hectares, s'ils ne font pas partie de massifs dont la contenance excède quatre hectares et s'ils ne sont pas situés sur le sommet ou la pente d'une montagne.

3° Les parcs ou jardins clos et attenant aux habitations. (C. for.. art. 223.)

Il y a lieu de croire que ces exceptions seront prochainement modifiées, néanmoins les observations suivantes pourront toujours servir comme règles générales.

3. Pour être en mesure de constater les délits de défrichement, les préposés forestier doivent, comme nous l'avons dit au Chap. 1, § 5, prendre une connaissance complète des bois de particuliers situés dans leur circonscription, les parcourir de temps à autre pour s'assurer qu'il ne s'y effectue aucun défrichement illicite, s'ils reconnaissent dans leurs visites que des défrichements sont pratiqués sans autorisation dans des bois ne rentrant pas dans les exceptions indiquées ci-dessus, ils dresseront un procès-verbal indiquant les noms, prénoms et domiciles du propriétaire, la contenance du terrain défriché et quand le bois a moins de quatre hectares, s'il ne forme pas avec des bois voisins un massif de quatre hectares; le procès-verbal devra indiquer si le bois est situé sur le sommet ou le penchant d'une montagne; si le défrichement est consommé, le procès-verbal fera connaitre la date approximative des derniers travaux.

Les indications relatives aux noms, prénoms et domiciles des propriétaires, peuvent être prises au besoin sur les matrices cadastrales; la contenance des terrains défrichés s'exprime en hectares, ares et centiares.

4. L'évaluation d'une surface exige des connaissances le plus souvent étrangères aux préposés. aussi ceux-ci devront ils, s'ils ne peuvent mesurer eux-mêmes la contenance des terrains défrichés, consulter les plans cadastraux et prendre dans ce document les éléments de leur procès-verbal.

Si le bois défriché forme une ou plusieurs parcelles entières, ils indiqueront les contenances cadastrales de ces parcelles, leurs numéros et la section dont elles font partie. Si les terrains défrichés sont des portions de parcelles. ils donneront les mêmes renseignements en indiquant si le défrichement a porté sur le tiers, le quart ou la moitié ou toute autre fraction de la parcelle désignée. Dans tous les cas où ils n'auront pas procédé eux-mêmes au mesurage, ils mentionneront que leur évaluation est faite d'après le cadastre ou approximativement, suivant les circonstances.

5. *Coupe à blanc étoc.* — Ce n'est pas seulement le défrichement, c'est-à-dire l'arrachis des arbres et la mise en culture du sol qui constitue le délit prévu par l'art. 219 ; toute exploitation ayant pour but de transformer un bois en terres, pâturages où cultures quelconques, est considérée comme un défrichement. Ainsi le fait de coupe à blanc étoc des bois résineux, peut, dans certain cas, être regardé comme un délit, s'il est accompagné de circonstances qui indiquent l'intention manifeste de transformer le bois en pâturage. Le défrichement peut au contraire n'être pas un délit. Ainsi par exemple, le propriétaire qui fait ouvrir un chemin de vidange à travers sa forêt, quoiqu'il fasse réellement défricher une portion du sol boisé, ne commet

aucun délit, et le même propriétaire ne pourrait cependant faire défricher une parcelle quelconque de la même forêt , pour en faire une prairie ou une terre arable.

La coupe à blanc étoc des bois résineux sera considérée comme un défrichement, si elle est pratiquée sur des étendues considérables et de manière à rendre le repeuplement naturel impossible, ou si les troupeaux sont introduits dans les parties récemment exploitées; en général il y a délit de défrichement toutes les fois que des exploitations abusives accusent de la part du propriétaire l'intention manifeste d'empêcher la régénération du bois.

On a considéré aussi comme défrichement , le fait d'avoir arraché les souches et cultivé un terrain dépendant d'une forêt. quoique ce terrain fût complètement déboisé.

Enfin, le défrichement d'un terrain forestier, quoique pratiqué avec l'intention manifeste de reboiser , a été regardé comme un délit. Les opérations de culture qui modifient même provisoirement l'état du sol forestier, comme le sartage, les écobuages, ne peuvent être entrepris dans le bois qu'avec l'autorisation de l'administration

6. *Défrichement des bois communaux.* — Les communes ou établissements publics, propriétaires de bois, ne peuvent les faire défricher sans autorisation (Code forest., art. 91). Tout défrichement dans les bois de cette catégorie. qu'ils soient où non soumis au régime forestier, doit être constaté. Toutefois il y a lieu de distinguer les défrichements opérés par les ordres de la commune ou des administrations des établissements publics, de ceux qui sont pratiqués

sur des terrains communaux boisés, par des délinquants agissant pour leur propre compte. Ces délinquants défrichant un terrain qui ne leur appartient pas, ne peuvent être poursuivis comme le seraient les propriétaires réels ; ils ne commettent pas à proprement parler le délit de défrichement, mais bien celui de coupe ou extraction de bois, de souches ou de gazons. C'est donc seulement sous ce point de vue que les gardes devront rédiger leurs procès-verbaux. Si les terrains boisés sont défrichés par les ordres des administrations locales et pour le compte des communes, sections de communes ou établissements publics, les procès-verbaux dressés par les gardes devront désigner les noms des personnes qui ont pris part aux travaux par leur coopération immédiate et de celles qui les ont ordonné et autorisés.

7. Les préposés doivent aussi assurer l'exécution des jugements qui ordonnent le reboisement des terrains illicitement défrichés ; si les propriétaires ne s'acquittent pas ou s'acquittent mal des obligations qui leur ont été imposées, ils en informeront le chef du cantonnement.

CHAPITRE X.

OPÉRATIONS DES COUPES.

SOMMAIRE.

Arpentage. — Martelages, balivages. — Estimations. — Récolements. — Délivrances autorisées.

1. *Arpentages.* — Les arpentages des coupes sont faits par les agents forestiers ; les préposés sont leurs auxiliaires dans ces opérations.

Aussitôt qu'un garde est prévenu qu'on procédera à l'arpentage des coupes de son triage ou à l'époque ordinaire où ont lieu les opérations, il doit rechercher les piquets de la dernière coupe assise, les parois et corniers qui se trouvent sur la ligne séparative ; il plantera des jalons contre les piquets et les arbres de limite. Si la tranchée est trop longue pour qu'une des extrémités puisse être aperçue de l'autre, il placera des jalons intermédiaires bien alignés, de manière à ce qu'ils se trouvent sur la ligne droite qui joint les deux piquets entr'eux.

2. Un garde doit presque toujours connaître la position que doit occuper la coupe à asseoir ; il préparera donc le travail de l'arpenteur en dégageant autant que possible le périmètre de cette coupe ; il élaguera les brins traînants, débarrassera les bornes, s'il en existe,

des herbes et ronces qui les cachent ; si la ligne est obstruée par des bois de la coupe en exploitation, il obligera les adjudicataires à les faire immédiatement enlever.

Lorsque l'agent chargé de l'arpentage aura indiqué le jour et l'heure de son arrivée, les gardes qui sont désignés pour l'assister s'entendront pour être munis des instruments nécessaires ; il est d'usage que le garde du triage soit chargé de porter une hache s'il en est besoin : les gardes voisins se muniront alors de bonnes serpes si l'on opère dans des taillis un peu forts ; dans les futaies il sera bon d'avoir deux ou plusieurs haches. Un sabre ordinaire dit briquet, est très-commode pour parer la ligne, enlever les brindilles et les feuillages qui masquent les jalons ; tous ces instruments doit être bien tranchants et solidement emmanchés.

Les jalons doivent, autant que possible, être choisis parmi les brins les plus droits ; ils sont effilés aux deux extrémités.

Les piquets destinés à marquer les extrémités des lignes doivent avoir au moins 0.15 à 20 centimètres de circonférence. leur longueur est proportionnée à la profondeur du sol, la tête est taillée carrément pour porter l'empreinte du marteau de l'arpenteur, ils sont enfoncés dans le sol avec la tête de la hache ; ces piquets doivent autant que possible être en chêne. châtaigner ou autres bois durs : ceux de tremble ou autres bois blancs, de charme et de hêtre se détruisent avant l'époque du récolement.

3. Quand l'arpentage est terminé, le garde du triage doit ceindre les parois et les corniers d'un lien de manière à pouvoir toujours les reconnaître et s'assurer

de la présence des piquets qu'il remplace s'ils viennent
à être brisés ou enlevés. Quand la coupe est divisée en
plusieurs lots, il est bon d'indiquer le numéro de chacun
d'eux par des entailles faites sur les arbres de limite.

Les lignes d'arpentage dans les bois taillis doivent
autant que possible être conservées, même après le
récolement, car il est toujours utile de pouvoir distinguer au juste l'emplacement de chaque coupe.

Les gardes assureront la conservation de ces lignes
en élaguant surtout dans les années qui suivent l'exploitation, les brins qui les obstruent; ils rempla-
ceront les piquets soit par des petits fossés, soit par
d'autres signes, suivant la nature du sol.

Dans les bois aménagés où les lignes de coupes sont
formées par des tranchées et des laies sommières, les
gardes sont chargés de l'entretien de ces lignes; les
herbes et les produits de l'élagage leur appartiennent.
(Décision ministérielle du 10 novembre 1835.)

4. *Martelages, Balivages.* — Les balivages ou martelages, car dans la pratique ces deux expressions s'emploient pour désigner une seule et même opération,
sont faits par les agents forestiers avec l'assistance des
préposés; ceux-ci sont spécialement chargés de la marque des arbres à réserver ou à abandonner.

Il y a deux espèces de martelages; ceux en réserve,
dans lesquels les arbres qui doivent être conservés reçoivent l'empreinte du marteau de l'État, ceux en délivrance où l'on appose au contraire cette empreinte
sur les arbres abandonnés.

Dans certaines coupes où les arbres ne sont pas assez
forts pour supporter l'empreinte du marteau, la marque se fait au moyen de griffes ou même par la désignation des dimensions ou essences des arbres.

Ces coupes sont dites en réserve ou en délivrance, suivant que le griffage ou la désignation des arbres porte sur ceux à délivrer ou à abandonner.

5. Les martelages se font par virées ; les gardes, au nombre de trois ou quatre et rarement cinq, marchent ensemble et autant que possible de front à 7 ou 8 mètres d'intervalles, choisissant sous la direction des agents qui les suivent, les arbres à marquer et frappant du marteau de l'État ou griffant ceux qui leur sont désignés.

Pour faciliter ce travail, les virées doivent en général être préparées à l'avance. A cet effet, le garde du triage devra partager les coupes à marteler en un certain nombre de bandes à peu près parallèles, au moyen de tracés qui s'indiquent soit par des brisées, soit par des blanchis de distance en distance.

Dans les taillis très-fourrés, il est indispensable que ces lignes soient ouvertes de manière à faciliter le passage des agents ; dans les grands taillis ou dans les futaies il suffit de blanchir quelques brins tous les 7 à 8 mètres pour indiquer la direction des virées ; elles doivent être d'autant plus étroites que le taillis est plus fourré et qu'il y a plus d'arbres à marquer dans les taillis de vingt-cinq ans moyennement garnis, elles peuvent avoir de 30 à 40 mètres.

Si le sol est en plaine ou en pente douce, les virées doivent être toujours dans le sens de la plus grande longueur de la coupe, afin d'éviter de multiplier les mouvements de conversion qui occasionnent une perte de temps ; dans les terrains fort inclinés, elles doivent être dirigées en travers de la pente.

6. Le martelage s'opérant toujours sous la surveillance des agents, nous n'avons à donner aucune

indication sur la direction de ces opérations, relativement à l'application des aménagements ou des règles de la culture de bois ; nous nous occuperons seulement de la partie matérielle et pratique pour donner quelques conseils sur les précautions que les préposés doivent avoir.

Les marteaux doivent être souvent examinés afin que la monture soit toujours en bon état et le tranchant aiguisé ; un marteau qui n'est pas en main ou qui ne coupe pas, fait perdre beaucoup de temps et ne donne pas de bonnes empreintes.

Les blanchis, quelque soit le mode de martelage, doivent être assez larges et attaquer toujours le bois sur lequel l'empreinte doit être apposée ; une empreinte sur l'écorce peut s'enlever ou se détruire aisément.

Les gardes doivent avoir le soin de ne pas laisser le morceau d'écorce enlevé sur le blanchis adhérant encore à l'arbre ; en temps de sève, cet éclat est susceptible de se ressouder sur la marque, et les adjudicataires ont profité quelquefois de cette circonstance pour modifier le martelage à leur avantage.

Dans les martelages en réserve, l'empreinte doit être apposée à la patte ; les baliveaux portent une seule empreinte, les modernes en ont deux, les anciens une seule. Relativement aux modernes il faut avoir soin que les deux blanchis ne se confondent pas en un seul ; ils doivent être faits sur le même côté de l'arbre, mais séparés.

Dans les coupes en délivrance, l'empreinte du marteau de l'État s'applique sur le corps et la racine des arbres abandonnés ; les blanchis doivent être largement faits, l'empreinte fortement apposée.

Il faut en opérant regarder souvent ses voisins pour marcher avec ensemble et espacer convenablement les arbres ; avant de les marteler, il faut en examiner le corps et la tête. Un garde qui marque comme réserve un arbre creux ou mort en cime, s'attire de justes reproches.

L'essence et la qualité de l'arbre doivent être criées d'une manière nette et accentuée, suivant les indications qui sont données au commencement du martelage par les agents opérateurs. Il faut encore avoir soin d'appeler en tournant la tête vers les agents, et de bien prononcer les noms des essences ; ceux de hêtre, frêne, chêne sont assez faciles à confondre quand ils ne sont pas bien articulés ; les gardes doivent éviter d'appeler ensemble, la confusion des sons occasionne souvent des erreurs dans le pointage.

7. *Estimations*. — Les estimations se font en même temps que le martelage dans les coupes marquées en délivrance, et dans beaucoup de coupes en réserve ; dans les autres elles se font immédiatement après.

Les gardes suivant les virées du martelage, appellent les arbres abandonnés en indiquant l'essence et la dimension. Les indications à donner varient, d'ailleurs, suivant la nature des exploitations ; dans les coupes de futaies, où les arbres ont des destinations différentes, d'après leur grosseur et leur hauteur, on appelle la circonférence mesurée à hauteur d'homme, la hauteur du tronc jusqu'au point où il cesse d'être propre à donner des bois de service et de travail, et le volume en stère du houppier ; cette dernière indication se fait à vue d'œil.

Dans les coupes de taillis sous futaie, on indique seulement la grosseur et la hauteur du tronc, le volume des branches est estimé par les agents suivant des moyennes qu'ils obtiennent à part ; les arbres abandonnés dans les coupes marquées en réserve, sont marqués d'un large blanchis au corps pour éviter qu'ils ne soient estimés deux fois, les blanchis doivent être apparents et toujours marqués du côté de la virée suivante afin que les gardes estimateurs puissent en revenant s'assurer qu'ils n'ont oublié aucun arbre.

L'estimation du taillis se fait par appréciation à vue d'œil, ou par places d'essai.

8. Pour se former le coup d'œil, les gardes doivent, pendant la durée des exploitations estimer le volume des houppiers de quelques arbres à abattre, et vérifier ensuite leurs appréciations après le façonnage de ces bois ; ils doivent aussi mesurer la hauteur des arbres abattus pour se rendre compte de l'exactitude de leur évaluation avant l'abatage ; ils doivent tenir un compte exact des produits réels de chaque coupe.

Dans les coupes adjugées, il leur sera facile de connaître ce produit, soit d'après le registre des facteurs, soit d'après le dénombrement qui est ordinairement fait par l'adjudicataire ; ils distingueront les produits en bois de feu, quartiers ou rondins, bois à charbon, fagots, bourrées, etc.

Dans les coupes affouagères, le dénombrement auquel il est procédé avant le partage des bois entre les affouagistes, permet de connaître très-exactement le produit en matière. Un garde doit pouvoir, à la fin de chaque exploitation, indiquer d'une manière précise le nombre de stères de bois de feu ou de charbon, de cent de fagots ou bourrées, de perches, etc., qu'elle a produit.

Il doit aussi connaître les prix du façonnage du stère

de bois de feu ou de charbon, du cent de fagots, bourrées, perches, etc., celui de l'abatage des arbres et celui du prix de vente sur feuille des divers produits, s'ils sont livrés en forêt aux acquéreurs.

Tous ces renseignements sont indispensables aux agents pour pouvoir vérifier les estimations des années précédentes, et baser leurs évaluations pour les coupes à estimer. En les recueillant, les gardes apprennent à se rendre compte du produit des exploitations et se forment aux estimations pour lesquelles une longue pratique est le meilleur maître.

9. Dans quelques circonstances, les préposés sont obligés de faire eux-mêmes l'estimation de certains bois, notamment des châblis et volis qu'ils reconnaissent dans leurs tournées ; il est utile qu'ils sachent de quelle manière on procède ; il est, au reste, indispensable à un bon forestier de connaître les éléments des opérations qu'il voit journellement pratiquer. Nous indiquerons donc les diverses méthodes employées pour le cubage des bois, en accompagnant ces notions de quelques exemples destinés à en faciliter l'application.

10. Le volume d'un arbre équarri s'obtient en multipliant le chiffre qui exprime la longueur par le produit des deux côtés de l'équarrissage.

Ainsi, un arbre de 9^m de longueur dont l'équarrissage est de 50 c. sur 45 c., aura pour volume $(0^m 45 \times 0^m 50) \times 9^m = 2^m 025$.

L'équarrissage se mesure sur le milieu de la longueur.

Le volume d'un arbre abattu, mais non équarri, s'obtient de plusieurs manières différentes, suivant les habitudes du commerce dans le pays. Ces différents systèmes sont : 1° le cubage comme bois rond : 2° au 5° déduit ; 3° au 6° déduit ; 4° au 1/4 sans déduction.

Le cubage comme bois rond donne seul le véritable volume ; il est peu employé dans la pratique commerciale, la méthode suivante donne le moyen d'éviter les calculs qu'il entraîne : il suffit de doubler le cube au 5° déduit pour obtenir à un centième près le volume bois rond.

Pour cuber un arbre au 5° déduit, on prend le cinquième de la circonférence mesurée sur le milieu de la longueur, on multiplie ce cinquième par lui-même et le produit multiplié par la longueur donne le cube cherché.

Ainsi, soit comme précédemment, un arbre de 9^m de longueur, dont la circonférence moyenne est de $2^m 20$, on prendra le 5° de $2^m 20$, soit 0,44, on le multiplie par 0,44, ce qui donne $0^m 1936$, on multiplie ce produit par 9, et le nombre obtenu représente le volume au 5° déduit. Ce nombre qui est 1.742 et à un centième près égal à la moitié du volume calculé comme bois rond.

Le cubage au 5° déduit donne un volume inférieur à celui qu'on obtient après l'équarrissage ; il serait très-avantageux pour l'acquéreur si le prix du mètre cube n'était augmenté en proportion de cet avantage ; il est facile de voir, d'après la comparaison des résultats de ce mode de cubage et de celui comme bois rond, que, si le mètre cube mesuré comme bois rond vaut 30 fr., il devra valoir près de 60 fr. au 5° déduit.

Pour cuber au 6° déduit, l'on prend le 6° de la circonférence moyenne, on déduit ce 6° de la circonférence, on prend le 1/4 du reste, on le multiplie par lui-même, et le produit multiplié par la longueur donne le cube cherché : ainsi, reprenant l'exemple ci-dessus, le 6ᵉ de 2ᵐ 20, chiffre de la circonférence moyenne, est de 0,36. on le retranche de 2,20, le reste est de 1,84, on en prend le quart qui est de 0,46. on multiplie ce nombre par lui-même, ce qui donne 0,2116. on multiplie ce produit par la hauteur 9ᵐ, et le résultat est le cube cherché 1ᵐ 904.

Enfin, pour cuber au 1/4 sans déduction, on prend le quart de la circonférence moyenne, on multiplie ce nombre par lui-même, et le produit multiplié par la hauteur donne le cube cherché, soit toujours en appliquant ce système au cubage d'un arbre de 2ᵐ 20 de circonférence moyenne sur 9 de hauteur, nous prendrons le $\frac{1}{4}$ de 2.20 qui est de 0,54, ce nombre, multiplié par lui-même, donne 0,2916, qui, multiplié par 9, chiffre de la hauteur, donnera pour résultat 2ᵐ 624.

11. On évite les calculs qu'entraînent ces différents cubages par l'emploi des tarifs ou comptes faits.

Un de ces tarifs, calculé suivant les divers modes de cubages usités se trouve à la suite de cet ouvrage ; il est dressé de manière à pouvoir servir pour calculer soit au $\frac{1}{4}$, soit au $\frac{1}{5}$, soit au $\frac{1}{6}$, le volume des châblis et arbres abattus dont la circonférence moyenne peut être mesurée.

Son emploi est des plus simples ; étant données, la hauteur et la circonférence moyenne, on cherchera à la colonne nᵒ 1 le chiffre le plus rapproché de celui de la circonférence mesurée ; dans la colonne nᵒ 2, on cherchera le chiffre de la hauteur. le nombre correspondant dans les colonnes 3, 4 et 5 exprimera le volume au $\frac{1}{4}$, au $\frac{1}{5}$, ou au $\frac{1}{6}$; si c'est le volume bois rond qu'on veut obtenir, il suffira de doubler le nombre trouvé à la colonne n° 4.

Si les arbres à estimer sont seulement propres au chauffage, les nombres compris dans la colonne n° 6 indiqueront en stères le volume de bois de feu qu'ils produiront après le façonnage.

La circonférence moyenne se mesure au milieu de la longueur de l'arbre; si cependant il se trouve en ce point des nœuds ou défectuosités qui altèrent les dimensions réelles, on la mesurera un peu au-dessus ou au-dessous; la moitié de la découpe entre dans le mesurage de la longueur, quand il n'est pas autrement stipulé.

Le produit des branchages et houppiers s'estime à vue d'œil en stères et bourrées.

12. L'estimation des bois sur pied s'opère suivant les mêmes méthodes, mais, comme la circonférence au milieu ne peut être mesurée, on la déduit de celle prise à 1 mètre du sol, en réduisant de $\frac{1}{10}$ ou $\frac{1}{9}$, suivant les essences; ainsi, si un arbre mesure 2 20 à 1 ^{m} du sol, on suppose que sa circonférence au milieu sera 2.20, — 0.22, soit 1^m 98.

Comme au reste les gardes n'ont qu'exceptionnellement à faire des évaluations de bois sur pied, il n'est pas indispensable d'entrer à cet égard dans de plus longs développements.

13. *Récolement.* — Le récolement est l'opération qui a pour but de vérifier si les adjudicataires ou entrepreneurs des coupes ont satisfait à toutes les obligations qui leur sont imposées et s'ils n'ont exploité que les arbres compris dans l'adjudication.

C'est au récolement que les manque de réserve sont

reconnus par le moyen d'un comptage général. C'est aussi au récolement qu'on relève les vices d'exploitation et en général toutes les contraventions commises par les adjudicataires ou leurs ouvriers, qui n'ont pas été constatées pendant la durée des exploitations.

Ces opérations ne peuvent être faites que par les agents.

Les préposés sont leurs auxiliaires et procèdent sous leur direction au comptage des arbres de réserve ou des souches exploitées.

14. Pour préparer le travail des récolements, les adjudicataires sont obligés par le cahier des charges, de faire ceindre d'un lien apparent tous les arbres réservés.

Les préposés prévenus à l'avance du jour où doit se faire le récolement de chaque coupe, doivent veiller à ce que cette obligation soit exécutée.

Ils doivent en outre rechercher les piquets et arbres de limites de la coupe et en jalonner le périmètre afin que des arbres des coupes voisines ne soient pas compris parmi ceux que l'on compte.

Dans les coupes de jardinage, la souche qui porte l'empreinte du marteau de l'État doit être représentée par l'adjudicataire ; pour éviter des recherches très-longues de la part des agents opérateurs, il convient que l'emplacement de ces souches soit indiqué par un jalon. Certains cahiers des clauses spéciales imposent aux adjudicataires l'obligation de faire placer ces jalons ; dans ce cas, les gardes n'auront qu'à veiller à l'exécution de cette clause ; dans le cas contraire, ils doivent faire eux-mêmes ce travail avec l'assistance de l'adjudicataire ou du facteur.

15. Les récolements comme les martelages se font

par virées; les gardes, au nombre de 3, 4 ou 5, marchent en ligne, appelant par leur essence et leur qualité de baliveaux, modernes ou anciens, tous les les arbres portant l'empreinte du marteau ou le signe correspondant. Chaque arbre crié est immédiatement griffé et le lien qui l'entoure coupé.

Il est bon de marquer les modernes de deux coups de griffe, les baliveaux et anciens d'un seul, afin que dans les vérifications qui peuvent être faites on puisse reconnaître comment les arbres ont été qualifiés; le griffage doit toujours être fait du côté de la virée suivante.

16. Avant d'appeler chaque réserve, le garde doit regarder la marque; c'est l'empreinte du marteau et non l'âge d'un arbre qui règle la qualification à lui donner au récolement. Ainsi, dans le balivage on a pu marquer un ancien comme moderne et le frapper de deux empreintes, c'est comme moderne qu'il doit être appelé; on appellera aussi comme modernes les brins de l'âge, s'ils ont été marqués de deux empreintes; les réserves brisées ou abattues par les vents, les accidents d'exploitations, etc., doivent être distinguées par les mots *brisé, châblis*, etc.

Les arbres qui sont réservés par l'adjudicataire sans être marqués du marteau de l'État, sont distingués par les mots, *non marqués*.

17. On doit vérifier avec soin si l'empreinte du marteau existe réellement sur les blanchis; dans beaucoup de contrées les bûcherons ont l'habitude de ne jamais laisser sur pied un arbre non marqué, sans lui donner ce qu'ils appellent le baptème, c'est-à-dire sans le blanchir à la patte; lorsque la sève de deux ans a recouvert ces flaches, il est difficile, à moins

d'un examen attentif, de les distinguer des véritables blanchis du martelage ; aussi arrive-t-il quelquefois qu'on trouve au récolement beaucoup plus de baliveaux qu'il n'en a été marqué.

Cet inconvénient ne se produirait pas si, pendant la durée des exploitations, les gardes faisaient immédiatement couper tout arbre non marqué, réservé par l'adjudicataire ou ses ouvriers, auquel on aurait apposé un blanchis.

La criée doit être nette et distincte. Il est plus difficile dans les récolements que dans les martelages d'éviter les criées simultanées, d'abord parce que chaque criée n'est pas précédée du choc du marteau, et ensuite à cause de la rapidité plus grande de l'opération ; en se regardant souvent, les gardes sauront prendre l'habitude d'appeler à leur tour et sans confusion.

18. Les récolements de souches, dans les coupes en délivrance, deviennent fort pénibles si l'on n'a pas pris le soin à l'avance de marquer l'emplacement qu'occupait chaque arbre exploité.

La recherche des empreintes sous les herbes et les accrus qui envahissent certaines forêts après les exploitations, devient alors une des opérations les plus fastidieuses qu'on puisse faire ; si au contraire les emplacements sont désignés, il suffira de ramasser les jalons posés en ayant soin de détruire immédiatement l'empreinte reconnue. Cette empreinte doit toujours être supprimée pour éviter la confusion dans les exploitations subséquentes.

DÉLIVRANCES AUTORISÉES.

19. Les délivrances de toute nature des menus produits des forêts ne peuvent être autorisées que par le

conservateur. (Ordonnance du 4 décembre 1844). C'est en vertu des arrêtés émanés de ce chef, que les gardes reçoivent l'ordre de laisser ramasser les herbes, mousses et bruyères ; extraire les matériaux ou minerais de toute espèce. Tout enlèvement ou extraction quelconque non autorisé est un délit.

Il y a deux espèces de délivrances ; les unes sont faites à des personnes nominativement désignées dans les arrêtés, les autres sont générales et concernent tous les habitants d'une commune qui souscrivent l'engagement de remplir certaines obligations.

Les arrêtés qui autorisent des délivrances, indiquent toujours les conditions imposées aux concessionnaires ; les préposés sont chargés de veiller à ce que ces conditions relatives au mode d'extraction et d'enlèvement des produits, aux chemins à pratiquer, etc., soient remplies.

Lorsqu'il y a lieu de dresser un procès-verbal de dénombrement des produits délivrés, cet acte doit être signé par le concessionnaire ou son délégué, et par le garde du triage. La forme de ces procès-verbaux doit être aussi simple que possible, et l'on doit, pour éviter des frais de timbre, les rédiger sur du papier de la dimension des feuilles de 0.35 c. Nous avons donné, sous le n° 26 des formules, un modèle d'actes de ce genre.

Il peut servir pour les délivrances de harts, pierres, sables, bruyères, etc., autorisées à prix d'argent. Lorsque la délivrance ne peut s'opérer en une seule fois, comme pour les harts, par exemple, qui doivent être coupées par les ouvriers de l'adjudicataire au fur et à mesure des besoins, mais toujours en présence des gardes, il est inutile de dresser un procès-verbal de chaque délivrance partielle. C'est seulement à la fin des extractions qu'il est fait une récapitulation des quantités délivrées et que le procès-verbal de dénombrement est rédigé. Les préposés mentionnent seulement sur leurs registres chacune de ces délivrances partielles.

Le procès-verbal de délivrance doit être soumis à l'enregistrement.

20. Les délivrances à charge de prestations en nature peuvent n'être pas constatées par un procès-verbal.

Les autorisations d'extraire des herbes, des genêts, mousses, etc., accordées à tous les habitants d'une commune, à charge de prestations en nature, indiquent ordinairement les conditions imposées aux concessionnaires.

Les listes de ceux des habitants qui ont souscrit l'engagement de fournir des journées de travail, des graines, etc., pour obtenir la permission d'extraire certaines productions du sol forestier, sont remises aux préposés locaux qui doivent veiller à ce que les personnes inscrites profitent seules de cette autorisation, et qui assurent l'exécution des conditions de police sous lesquelles elle est accordée. Lorsque les délais accordés pour la durée de la concession sont expirés, ils renvoient la liste au chef de cantonnement en indiquant ceux des signataires inscrits qui, par suite de circonstances particulières, n'ont pas joui de la faculté accordée, et qui peuvent être dispensés de fournir la prestation imposée.

Nous examinerons au chapitre : *surveillance des travaux*, les devoirs des préposés en ce qui concerne l'exécution des travaux imposés aux concessionnaires.

CHAPITRE XI.

TRAVAUX D'AMÉLIORATION.

1. Les travaux d'amélioration qui s'exécutent dans les forêts peuvent être classés d'après le mode d'exécution en 1° travaux par économie ; 2° travaux mis en adjudication ou faits par les entrepreneurs à prix d'argent ; 3° travaux imposés aux adjudicataires ou mis en charge sur les coupes ; 4° travaux opérés par les concessionnaires de menus produits ; 5° travaux faits par les gardes

L'intervention des préposés variant suivant le mode adopté, nous indiquerons successivement la nature de leur coopération dans les travaux de chacune des cinq classes que nous venons de distinguer. Nous exposerons ensuite les principes généraux d'exécution des travaux de repeuplement et d'assainissement qui sont ceux que les gardes ont le plus souvent l'occasion de diriger ou de faire par eux-mêmes.

8 .

2. *Travaux par économie.* — Les travaux par économie sont ceux que des ouvriers à la journée font sous la direction des agents et la surveillance immédiate des gardes. On exécute ainsi les petites réparations dont le coût ne peut être évalué à l'avance, quelques repeuplements d'une nature particulière; quelquefois, le façonnage des bois de chauffage à délivrer aux préposés; enfin, celui des coupes d'éclaircie qui n'ont pu être données à l'entreprise.

Pour les améliorations ainsi exécutées, les préposés remplissent le rôle de conducteurs des travaux; ils dirigent les ouvriers, tiennent note des journées faites par chacun d'eux et des quantités de matériaux employés; ils en rendent un compte exact au chef de cantonnement. C'est sur leurs indications que s'opèrent l'abattage et le façonnage des bois après que les agents ont donné les instructions convenables sur la marche de l'exploitation. Les travaux ainsi opérés doivent être l'objet d'une surveillance assidue : pour que les ouvriers utilisent tout leur temps, il faut que les gardes soient constamment avec eux et qu'ils montrent beaucoup de fermeté à leur égard.

3. *Travaux par entreprise.* — Les travaux exécutés par des entrepreneurs, à prix d'argent, comprennent la construction des maisons forestières, des routes, ponts et ponceaux, les grands repeuplements, l'ouverture des fossés de périmètre ou d'assainissement, et en général les améliorations de toute nature; ils sont faits sous la direction des entrepreneurs et la surveillance des agents. Les préposés n'ont qu'à assurer l'exécution des prescriptions de ces derniers et à leur donner avis de toute infraction à leurs recommandations. Quoique secondaire, la surveillance des gardes

doit être assidue, et toute irrégularité dans l'accomplissement des obligations de l'entrepreneur doit être immédiatement signalée au chef de cantonnement.

4. *Travaux imposés aux adjudicataires ou entrepreneurs des coupes.* — Dans les bois domaniaux, aucun travail d'amélioration n'est mis en charge sur les coupes ; les adjudicataires sont seulement obligés de réparer les dégâts occasionnés par l'exploitation et la vidange. Ainsi, ils doivent faire réparer les fossés dégradés, combler et niveler les ornières des chemins de vidange, rétablir les ponceaux, barrières et glacis endommagés, et enfin, si le cahier des charges les y oblige, repiquer les places à charbon et ateliers. Ces divers travaux doivent être complétement terminés à l'époque du récolement ; les gardes s'assureront si les adjudicataires ont satisfait à toutes ces obligations, et en cas de retard, les inviteront à le faire. Ils vérifieront la qualité des plants employés au repeuplement des places à charbon, afin que les ouvriers ne se contentent pas, comme cela a eu lieu souvent, de mettre en terre des branchages sans aucune racine, quelques jours avant le récolement. Ils signaleront au chef de cantonnement les travaux non terminés, afin que celui-ci prenne des mesures pour les faire achever.

5. En outre des travaux de réparations qu'ils sont tenus de faire, comme les adjudicataires des coupes domaniales, ceux des coupes communales peuvent être chargés de certaines améliorations indiquées dans l'affiche en cahier ou le permis d'exploiter. Ces améliorations sont de nature très-variable, suivant les lieux et les circonstances ; ce sont des repeuplements à effectuer dans des places vides ou des clairières, des

fossés de périmètre ou d'assainissement, des fournitures de bornes ou de matériaux pour l'entretien des routes.

Quels que soient ces travaux, ils sont désignés dans les actes de la vente, portés à la connaissance des préposés locaux, et ceux-ci doivent en surveiller l'exécution de la même manière que pour ceux que font les entrepreneurs à prix d'argent. Lorsque les coupes sont délivrées en affouage et exploitées par un entrepreneur responsable, celui-ci est considéré comme un adjudicataire ordinaire ; c'est à lui à faire effectuer, soit par des ouvriers à ses frais, soit par les affouagistes, les travaux ordonnés. C'est donc à lui seul que les préposés devront adresser les observations qu'ils auront à faire sur les travaux, puisqu'il est responsable de leur bonne exécution.

6. *Travaux exécutés par les concessionnaires.* — Les travaux faits par les concessionnaires de menus produits, consistent le plus ordinairement en préparations de terrains, semis, plantations ou ouvertures de fossés ; ils sont faits sous la direction des préposés, comme ceux qu'on exécute par économie, seulement les ouvriers sont payés avec les produits concédés au lieu de l'être en argent. Comme l'enlèvement de ces produits précède le plus souvent l'exécution des travaux, les gardes devront veiller à ce que les concessionnaires remplissent toutes les obligations qu'ils ont contractées ; ils annoteront, sur la liste des personnes qui ont joui de la concession accordée, celles qui ont fourni leurs journées de travail, et signaleront au chef de cantonnement les individus négligents ou indociles, afin qu'ils soient désormais exclus des concessions.

7. *Travaux exécutés par les préposés.* — Les préposés de toute catégorie doivent tout leur temps à leur service. Celui qui n'est pas employé en tournées doit l'être en travaux d'amélioration. La surveillance n'en est pas moins efficace et la forêt profite grandement des travaux, quelque peu importants qu'ils paraissent d'abord, s'ils sont continués avec persévérance. Un garde qui s'occupe d'améliorations ne peut manquer de s'attacher à leur réussite ; il contracte le goût de son métier, apprend à devenir forestier et s'attire l'estime de ses chefs.

Ce n'est pas tout en effet pour un préposé que d'être actif et vigilant, de conserver son triage contre les dévastations des délinquants, il faut encore l'améliorer ; c'est à quoi l'on peut parvenir par des travaux généralement d'une exécution facile. Des semis opérés avec les graines que récoltent les gardes, des plantations, des boutures, des marcottages, peuvent être faits par un homme seul, à loisir et sans aucune dépense. La création de pépinières, l'entretien des travaux d'assainissement, demandent de plus grands efforts, mais sont d'une utilité si évidente, qu'un bon forestier ne doit jamais regretter le temps qu'il y emploie.

En faisant connaître aux préposés les procédés d'exécution de ces divers travaux et les soins qu'ils doivent y apporter, nous leur apprendrons ce qu'ils doivent exiger des ouvriers et des entrepreneurs dont ils sont les principaux surveillants.

REPEUPLEMENTS.

8. On repeuple les terrains dégarnis de bois, soit par des semis, soit par des plantations ; les semis sont

préférés, lorsqu'il s'agit de reboiser à peu de frais des surfaces considérables. Les plantations sont plus généralement employées pour regarnir les clairières peu étendues, les vides qui existent dans les coupes et les terrains où les semis ne peuvent réussir.

Les semis se font au printemps ou en automne; leur succès dépend du mode de préparation du sol, du choix des graines, de leur mise en terre, des soins apportés à la conservation des jeunes plants, et enfin des circonstances climatériques qui ne peuvent être toujours combattues.

9. *Préparation du sol.* — On prépare les terrains suivant que le semis doit être fait en plein par bandes ou par potets. Dans le premier cas, le sol est entièrement cultivé à la charrue ou à la houe. On emploie la charrue dans les terrains en pente douce ou en plaine, lorsque le sol n'est pas embarrassé de roches ou de racines; on cultive à la houe les terrains accidentés et ceux en général dans lesquels on ne peut se servir de la charrue. Il est souvent avantageux, pour débarrasser plus complétement le terrain à reboiser des mauvaises herbes, de faire avant le semis des essences forestières, une récolte ou deux de céréales qu'on fait suivre d'une récolte de plantes sarclées, telles que pommes de terre, navets, etc. ; on sème ensuite les graines forestières après avoir donné une légère façon à la terre.

On prépare le terrain pour les semis par bandes alternes, en ouvrant, soit à la charrue, soit à la houe, des lignes parallèles espacées de 60 cent. à 1 mèt., et d'une largeur de 30 à 50 cent. Les gazons qu'on extrait des parties ainsi cultivées, sont rejetés sur le bord de la partie restée inculte, de manière à former un bourrelet qui garantit les jeunes plants de l'ardeur du soleil et conserve la fraîcheur à leurs racines. Dans les pentes, ce bourrelet doit être établi sur le bord inférieur de la bande cultivée, et celle-ci doit être parallèle à l'horizon.

La préparation pour les semis par potets se fait à la houe ; on enlève les gazons de place en place sur une surface de 50 à 60 cent. de côté, on les rejette sur le bord du potet et l'on donne une légère façon au terrain ainsi dénudé. Ces potets sont espacés d'un mètre environ ; ils doivent être établis aussi régulièrement que le permettra la nature du terrain.

10. *Choix des graines.* — Les graines doivent être saines, fraîches et de bonne qualité ; on s'assure de la qualité des semences en les ouvrant à l'aide de l'ongle ou du couteau ; elles doivent être pleines à l'intérieur et présenter les caractères d'une graine récemment cueillie. Ces caractères varient suivant les essences ; nous les ferons connaître spécialement pour les semences qui sont d'un emploi général, en indiquant les soins à porter à leur récolte et à leur conservation.

Le *gland* doit être plein, lourd, frais à l'intérieur et muni de son germe ; les glands piqués, moisis, ceux qui sont déjà germés, doivent être rejetés. La récolte se fait en automne, par un temps sec s'il est possible ; on évite de choisir ceux qui proviennent d'arbres dominés ou trop âgés, ou ceux qui sont tombés les premiers. Aussitôt après la cueillette, on les laisse se ressuyer dans un lieu sec et bien aéré.

Quand on sème en automne, il n'y a d'autre soin à prendre que de les étendre et de les remuer à la pelle, pour qu'ils ne fermentent pas ; si l'on veut les conserver jusqu'au printemps, il faut les mettre en tas sur

une aire bien sèche et les recouvrir d'une couche
épaisse de paille ou de feuilles sèches ; il est préférable
de les garder en silos ou dans l'eau. On met les glands
en silos en ouvrant, dans un sol bien à l'abri des eaux,
une fosse assez profonde dont on garnit le fond d'un
lit de paille de 30 cent. d'épaisseur, et les parois de
pieux entrelacés de tresses de la même matière ; on y
place les glands par couches séparées par des lits de
paille ou de feuilles sèches, et l'on recouvre le tout
de planches ou de branchages sur lesquels on rejette
la terre.

On peut aussi conserver les glands en les mettant
dans des tonneaux qu'on remplit d'eau. Dans certains
pays, les gardes emploient ce procédé pour obtenir à
peu de frais une boisson rafraîchissante et assez to-
nique ; la légère fermentation qui s'établit ne détruit
pas la faculté germinative du gland ; quelques poignées de houblon jetées dans le tonneau, donnent au
liquide, qu'on retire au printemps, un goût d'amer-
tume qui n'est pas désagréable.

La *faîne*, qui est le fruit du hêtre, doit être pleine,
fraîche et d'une saveur franche. L'on en peut tirer
une huile de très-bon goût. On la récolte en automne ;
il ne faut pas attendre qu'elle tombe naturellement,
mais hâter sa chute en gaulant les arbres. Après avoir
laissé ressuyer les graines recueillies, il suffit de les
entasser dans une chambre aérée et bien sèche, et de
les recouvrir d'une couche de paille.

Les graines des épicéas et des pins sylvestres se récoltent en automne et en hiver ; celles du sapin en
septembre. On cueille les cônes à la main, on les en-
tasse dans un grenier aéré et on les remue de temps
en temps. Les graines du sapin tombent avec les

écailles, on les sépare par un criblage. Les écailles des cônes des épicéas et des pins sylvestres ne s'ouvrent que sous l'influence de la chaleur. L'extraction en grand s'opère artificiellement dans des appareils spéciaux. Pour les quantités peu considérables, il suffira d'exposer les cônes au soleil et de les remuer après quelques heures ; la graine s'échappe alors avec facilité.

Les semences ainsi recueillies sont garnies d'une membrane légère qui en facilite la dispersion ; il est utile de les en débarrasser, afin qu'elles soient d'un moindre volume et que le vent ne les enlève pas aussi aisément. Cette opération s'exécute en les battant au fléau après les avoir renfermées dans un sac, ou même en les agitant fortement dans un barillet où l'on place quelques petits cailloux.

Ces graines doivent être fermes, bien remplies ; leur saveur franche et résineuse. La graine de l'épicéa est un peu plus grosse et plus allongée que celle du pin sylvestre, elle est d'une couleur moins foncée. Comme elle est beaucoup moins chère, les marchands la mélangent souvent avec cette dernière, après l'avoir colorée en brun foncé. Pour reconnaître cette fraude, il suffira de prendre quelques graines et d'essayer de les écraser entre l'index et le pouce, en les pressant sur les deux pointes ; la graine d'épicéa résiste, celle du pin sylvestre se laisse écraser.

11. *Semis.* — On sème les graines lourdes, telles que glands, châtaignes, etc., dans des trous qu'on ouvre à la houe ou au plantoir. Ces semences doivent être recouvertes de 2 à 3 centimèt. dans les terrains forts, de 5 à 6 dans les terres légères ; on en place deux au moins dans le même trou. Les faînes de-

mandent à être enterrées moins profondément ; il suffit qu'elles soient recouvertes de 1 à 3 centimèt.

Les graines résineuses veulent être semées presque à fleur de terre ; il suffit qu'elles soient à l'abri du soleil et du vent. On obtient ce résultat en les recouvrant, à l'aide d'un rateau, d'une couche très-légère de terre végétale. Les semis artificiels de sapins et d'épicéas réussissent rarement sur des sols découverts ; on doit de préférence employer le procédé des bandes alternes ou des potets. Ceux de pins sylvestres réussissent très-bien, même sur des terrains non préparés ; s'ils sont garnis de bruyères, il suffit alors de répandre la graine lorsque la terre est recouverte des dernières neiges du printemps ; la fonte de la neige entraine la semence vers le sol, l'y fixe, et le jeune plant trouve à l'abri des bruyères les conditions nécessaires à sa végétation. On a reboisé par ce procédé très simple des surfaces considérables.

12. *Jeunes Plants.* — Les jeunes plants, surtout ceux de chêne et de châtaigner, demandent à être débarrassés des herbes qui entravent leur croissance ; ceux de hêtres et de sapins croissent mieux sous l'abri des plantes parasites, pourvu qu'ils ne soient pas étouffés. Il faudra donc parcourir les semis en les nettoyant des mauvaises herbes, repiquer dans les places vides les plants trop nombreux ailleurs et surtout les garantir avec soin des atteintes du bétail. J'ai préservé des semis considérables en faisant répandre par les gardes quelques poignées de plâtre que j'avais fait passer pour de l'arsenic ; la crainte de voir leurs bestiaux empoisonnés, donnait aux bergers une vigilance qu'on ne pouvait obtenir autrement.

13 *Plantations.* — Les plantations se font en au-

tomne ou au printemps. Celles des bois feuillus peuvent être indifféremment faites dans les deux saisons, il est préférable de planter les résineux au printemps.

Le succès d'une plantation dépend beaucoup du choix des plants et des soins qu'on apporte à les extraire et à les mettre en terre ; l'extraction doit être faite de manière à ne pas endommager les racines qui doivent rester fraîches et garnies de chevelu ; on ne doit pas employer des plants qui ont crû sous un couvert épais, ils sont rabougris et languissants.

Quand on ne peut se procurer des plants de pépinière, il faut choisir dans les coupes d'ensemencement ou sous les arbres réservés dans les taillis, les brins de semence les mieux venant ; on les arrache à la main lorsqu'il s'agit d'essences traçantes, mais il faut pour cela opérer par un temps pluvieux ; si le sol était desséché, on briserait toutes les racines. Les jeunes plants de chêne doivent être arrachés à la bêche.

L'extraction des plants d'essences résineuses demande plus de soin encore que celle des feuillus, leur reprise est plus difficile, et pour avoir un succès assuré il convient de les planter en mottes ou par touffes, c'est alors dans les pépinières qu'il faut se procurer les jeunes sujets. Nous indiquerons plus loin la manière d'exécuter les plantations de cette nature.

Les plants doivent être garantis du froid et du soleil et ne peuvent être longtemps conservés hors de terre. Si pour une raison ou l'autre, on est obligé de suspendre une plantation dont les sujets sont arrachés, il faut les mettre en jauge.

14. Les trous ou potets destinés à la plantation, doivent être assez larges et profonds pour que les racines du plant s'y étalent complètement ; si elles sont

trop longues ou de forme irrégulière, on peut les raccourcir avec une serpe bien tranchante en ayant soin d'y laisser assez de chevelu pour assurer la reprise. Avant de placer le sujet, on rejette au fond du potet la terre végétale qu'on a extraite, on entoure les racines avec la main et l'on tasse légèrement de manière à ce que la tige se tienne bien droite, on achève de remplir le trou et l'on raffermit la terre en pressant avec le pied.

Beaucoup de plantations se sont faites en glissant simplement de jeunes plants dans l'ouverture pratiquée à la bêche dans des gazons compactes. Il est inutile de dire que la plupart de ces repeuplements ont manqué ; il faut pour que le jeune plant reprenne qu'il trouve une terre ameublie et que les herbes ne gênent pas sa croissance.

15. Le recepage des plants est une très-bonne opération ; on ne peut la pratiquer que pour les bois feuillus. Quand on veut planter ainsi, on coupe les tiges avec une serpe bien tranchante à 2 à 3 centimètres du collet de la racine, et l'on plante de manière à laisser la section affleurer le sol.

16. La mise en terre doit être faite soigneusement ; les jeunes brins ne reprennent qu'autant que les racines sont complètement entourées de terre ameublie, la motte de gazon qui recouvrait le potet doit être rejetée sur son bord méridional pour préserver le plant de la forte chaleur.

Plus les sujets sont âgés, plus il faut porter de soin à les planter. On ne réussit à faire reprendre les résineux qui ont atteint l'âge de 6 à 8 ans qu'en les transplantant avec leur motte.

Pour assurer la réussite des plantations de chêne

ou de châtaignier, il n'est pas de meilleur travail
qu'une culture à la houe ; on débarrasse ainsi les
plants des herbes qui les étouffent, et leurs racines
trouvant la terre ameublie, sont dans les meilleures
conditions pour se développer.

Cette façon peut être donnée d'une manière peu dis-
pendieuse quand on fait la plantation sur un sol préalablement cultivé pour être ensemencé de pommes-
de-terre, les tubercules sont alors placés dans l'intervalle des plants qui profitent des façons qu'on
donne au terrain.

L'espacement à donner aux plants varie suivant le
but qu'on se propose ; celui qu'on adopte le plus généralement est un mètre dans tous les sens, il faut
alors 10,000 trous par hectare ; il est utile d'aligner
régulièrement les plantations, on y pratique plus
facilement les cultures nécessaires et l'on est moins
exposé à écraser les jeunes plants.

Lorsqu'on emploie des plants de haute tige, c'est-à-
dire de un mètre et au-dessus, les trous doivent être
larges et profonds ; il est utile de mettre autour des
racines la meilleure terre végétale, c'est-à-dire celle
qu'on trouve à la surface, en y mélangeant du terreau de feuilles, on assure la reprise. Il convient toujours de battre légèrement la terre autour de la tige.
Dans les terrains très-mouilleux, il faut seulement enlever la superficie du sol, le remuer légèrement et
placer le plant en recouvrant les racines de bonne
terre végétale qu'on butte assez haut.

Les plants de haute tige d'essences feuillues doivent être retaillés proprement. Cette opération se fait
en coupant à la serpe les branches principales de manière à leur laisser seulement quelques boutons.

17. Les plantations de résineux par touffes s'exécutent au moyen de plants extraits des pépinières. On enlève à la bêche les jeunes brins par mottes de la grandeur d'une brique ; on transporte ces plaques dans un panier ou une brouette, on les divise à la main de manière à avoir des mottes contenant de 3 à 6 brins, on les place dans les trous préparés à l'avance, on garnit les interstices de terre et l'on arrose, s'il est possible.

18. *Pépinières.* — La création d'une pépinière est le plus sûr moyen d'obtenir des plants de bonne qualité, d'une extraction facile et d'une reprise presque assurée. Toute forêt bien soignée doit avoir sa pépinière dont l'entretien est confié au garde du triage.

Pour établir une pépinière, il faut choisir un emplacement abrité, en plaine ou en pente douce, l'exposition du nord doit être préférée pour les pépinières de résineux ; si l'on peut disposer de quelque petit cours d'eau pour l'arrosement, ce sera un précieux avantage qu'il ne faut pas négliger.

Le sol doit être défoncé à la bêche ou à la charrue et complétement nettoyé des mauvaises herbes ; on peut profiter de cette première culture pour ensemencer des céréales ou des pommes de terre. Cette dernière récolte est préférable, en ce sens, qu'elle nécessite plus de façon et que la terre est complètement ameublie pour l'arrachage des tubercules ; on entourera l'emplacement de la pépinière d'une haie ou d'un fossé, on divisera le terrain en plates-bandes par un chemin central auquel viendront aboutir perpendiculairement des sentiers suffisants pour le passage d'un homme ; parallèlement aux sentiers on ouvrira dans chaque plate-bande des rigoles de 20 à 25 centimètres de largeur et d'une profondeur de 25 à 30, on laissera entre les rigoles un intervalle de 20 à 30 centimètres sur lequel on rejette la terre extraite.

Si l'on veut employer le système des plantations par touffes, recommandé pour les résineux, les sillons devront être très-rapprochés et larges seulement de 5 à 6 centimètres, on remplira les sillons ainsi pratiqués d'un bon terreau de feuilles mortes et de gazons décomposés qu'on aura dû préparer à l'avance, on tassera légèrement la terre et l'on semera en recouvrant très-peu les graines, le semis doit être très-épais. On extrait plus tard les plants surabondants et on les repique dans les espaces demeurés vides.

Les semis doivent être dans les premières années soigneusement sarclés à la main, et lorsque le sol est frais ; il convient d'avoir dans la même pépinière des plants de différents âges, on obtiendra ce résultat en ne semant qu'une portion chaque année. L'extraction des plants s'opère à la bêche ou à la main, on regarnit de terreau les sillons d'où l'on a extrait les plants et l'on y fait un nouveau semis. Quelques brins de haute tige doivent être réservés dans une plate-bande spéciale.

19. *Boutures.* — On regarnit les places vides qui se trouvent dans des fonds très-mouilleux au moyen de boutures de saules, de peupliers ou d'aulnes, on choisit de préférence les boutures provenant des grands saules et des peupliers étrangers : celles de marceau et de tremble, ne réussissent pas. Pour faire une bouture on coupe bien franchement et en biseau, un jet de deux ou trois ans dont on enlève toutes les ramilles, on y conserve seulement trois ou quatre bourgeons et on le réduit à une longueur de 40 centimè-

très environ ; on le plante dans le sol, en ouvrant au préalable le trou avec un plantoir.

20. *Marcottes*. — Pour regarnir les vides qui existent sur les reins ou les lisières des forêts, on peut avantageusement employer le marcottage. On marcotte en couchant dans le sol, mais sans les séparer de la souche mère, des brins qu'on maintient au moyen de crochets en bois. Ces brins s'enracinent et peuvent au bout de 3 à 4 ans former des individus isolés. Si les brins qu'on veut marcotter sont trop forts pour être ainsi ployés sans se briser, on peut les entailler à moitié ; on les courbe lentement et on les fixe au sol par des fourches solidement enfoncées, l'extrémité des branches ainsi courbées doit sortir de terre et être re-dressée avec des mottes de gazon.

21. *Taille des réserves*. — Les cahiers des charges prescrivent quelquefois aux adjudicataires d'ébrancher les réserves, il importe que les préposés puissent diri-ger cette opération ; il n'importe pas moins qu'ils sa-chent l'exécuter eux-mêmes, de manière à pouvoir dans leurs tournées rectifier ou diriger la croissance des arbres qui prennent une mauvaise forme. Nous indiquerons donc quelques règles de la taille des arbres forestiers en prévenant toutefois que les limites de cet ouvrage ne permettent pas d'entrer dans tous les dé-veloppements que nécessite cette étude.

On ne doit couper que les branches dont le bois est encore jeune, les cicatrices produites par la section des branches anciennes ne se referment pas. On pousse un arbre à croître en hauteur, en le débarrassant des branches basses, mais il faut toujours lui conserver une tête suffisamment garnie. On force un arbre à s'é-taler en supprimant sa flèche.

Lorsque des branches prennent une mauvaise direction et qu'à cause de leur âge on ne peut les couper, on en supprime les extrémités et on force ainsi la sève à prendre une autre direction. La taille des bois doit toujours être faite avec un instrument bien tranchant et de bas en haut pour ne pas déchirer l'écorce, les branches jeunes peuvent être coupées rez-tronc ; celles qui sont anciennes doivent être coupées à 20 ou 30 centimètres du tronc ; les branches gourmandes qui se produisent sur le tronc des chènes réservés dans les taillis, doivent être coupées dans les 3 ou 4 années qui suivent l'exploitation ; les baliveaux qui tendent à se courber par suite du poids de leur tète, doivent être relevés en les débarrassant d'une partie de leurs branches ; les arbres résineux ne doivent être taillés que dans des cas exceptionnels, et il faut toujours laisser un chicot à la branche coupée.

TRAVAUX DIVERS.

22. *Assainissement.* — Les préposés sont souvent chargés de diriger les travaux d'ouverture de fossés d'assainissement : il n'est pas hors de propos de donner quelques indications sur la manière dont ils doivent être faits. Le but qu'on se propose étant de faciliter l'écoulement des eaux dont le séjour occasionne une humidité nuisible, les fossés doivent être dirigés de manière à déboucher dans des ruisseaux, rivières ou étangs où elles trouvent une issue naturelle ; si l'on ne peut atteindre ce résultat on les déverse dans les grands fossés de périmètre où elles s'évaporent plus rapidement que dans l'intérieur du bois. On peut le plus souvent tracer les fossés sans faire de nivellement, il suffit d'examiner les points où l'eau séjourne le plus longtemps et la direction qu'elle prend pour s'écouler pour connaître les dimensions et le tracé de fossés à ouvrir.

23. Les fossés doivent être tracés au cordeau, les parois bien régulières; leurs dimensions sont variables et se modifient suivant la nature du terrain et la quantité d'eau à faire écouler. Les terres extraites ne doivent pas être relevées sur les bords, ce qui produirait un bourrelet qui s'oppose à l'assèchement des parties voisines; elles doivent être régalées sur les parties les plus basses du sol.

L'ouverture d'une rigole suffit souvent pour assainir certaines parties mouilleuses garnies de joncs et d'herbes marécageuses; pour assécher les mares plus profondes, il est nécessaire d'ouvrir dans le point où s'écoule naturellement le trop plein, une tranchée de la profondeur de la mare.

Dans les terrains inclinés, les fossés ne seront pas dirigés dans le sens de la pente, mais obliquement et en zig-zags, de manière à éviter les ravinements et à recueillir le plus d'eau possible.

Dans les parties très-marécageuses où l'eau n'a aucun écoulement, on ouvrira une série de fossés parallèles, la terre qui en proviendra sera rejetée sur les bords de manière à former une banquette élevée au-dessus du niveau de l'eau. Les plantations d'aulnes, de saules et de peupliers réussissent très-bien sur des sols ainsi préparés; il faut seulement employer des brins un peu forts ou des boutures.

24. Les sources qui existent dans l'intérieur ou sur les rives des forêts, doivent être entretenues avec soin; si elles sont dans l'intérieur des massifs, on réserve lors des exploitations quelques arbres pour les abriter,

on en plantera au besoin, on facilitera l'écoulement de l'eau en nettoyant le fossé de décharge. Si ces eaux peuvent être utilisées pour l'irrigation on en obtiendra des résultats surprenants.

25. *Fossés de périmètre.* — Les fossés de clôture devront être tracés en ligne droite, d'angle en angle, leurs parois seront bien régulières et la terre devra être relevée du côté du bois ; on laissera un petit marchepied de 15 à 20 centimètres entre le bord et le talus formé par les terres ainsi relevées afin qu'elles ne retombent pas dans le fossé, on ménagera de temps en temps une ouverture dans ce talus afin que les eaux des parties voisines puissent s'écouler dans le fossé de périmètre. Les dimensions des fossés de périmètre sont de 2 mètres d'ouverture, 1 mètre de profondeur, le fond doit avoir 20 centimètres de largeur.

26. *Lignes de Coupes.* — Les préposés sont chargés de l'entretien des lignes de coupe et d'aménagement ; ils tiennent ces laies et tranchées libres en élaguant les branches qui les obstruent. Cet élagage se fait à la serpe ou plus facilement avec un sabre d'abatage, les bois qui en proviennent appartiennent aux gardes.

Lorsqu'il y a lieu de faire relever des lignes de coupes, travail qui est souvent imposé à l'entrepreneur du façonnage des coupes affouagères, ces lignes seront jalonnées très-exactement, on tracera au cordeau les deux côtés parallèles et à l'aide d'une bêche enfoncée d'un demi-fer dans la direction du cordeau, les terres seront relevées sur l'axe de manière à former une espèce de banquette. Les lignes ainsi tracées ne se perdent jamais, tandis que celles qu'on indique seulement

par des sauts de chèvre sont souvent difficiles à retrouver.

27. Les préposés doivent empêcher la création de
sentiers dans les jeunes coupes ou dans les semis ;
ils mettront en défends ceux qui sont récemment for-
més.

Ces travaux que nous venons d'indiquer sont loin
de comprendre tous ceux que les gardes peuvent exécuter ou faire exécuter ; nous avons dû nous restrein-
dre notamment en ce qui concerne les semis et les
plantations, aux renseignements relatifs aux essences
les plus répandues. Pour plus de détails, nous ren-
verrons à l'exellent traité de M. Parade, auquel nous
avons emprunté la plus grande et la meilleure partie
du présent travail.

CHAPITRE XII.

PERSONNEL.

1. *Traitement.* — Le traitement des gardes forestiers domaniaux, gardes cantonniers et gardes-pêches est fixé à 600 fr.

Après deux ans de service, les gardes forestiers domaniaux peuvent obtenir la première classe de leur grade. Ils recevront alors :

      Les gardes logés. . . . . 650 fr.

      Les gardes non logés. . . . 700 fr.

Après quinze ans de services, les gardes forestiers domaniaux de première classe, logés en maison forestière, pourront recevoir un traitement de 700 fr. (arrêté du 10 décembre 1857).

Le traitement des préposés mixtes et communaux varie suivant l'importance du triage.

2. Le traitement des préposés domaniaux est acquitté chaque mois au moyen d'un mandat délivré par le conservateur et payable chez les comptables du trésor.

Les traitements communaux se règlent tous les trimestres, les mandats de cette nature sont payables seulement à la caisse du receveur municipal de la commune que cette dépense concerne.

Les traitements sont liquidés par jour de service ; chaque mois comptant pour trente jours ; le jour de la cessation de service comme celui de l'installation compte dans la liquidation.

Le traitement des gardes domaniaux ou mixtes est soumis à des retenues de diverses natures, dont le montant est affecté au service des pensions de retraite ; ces retenues sont :

1° 5 0|0 sur les sommes payées à titre de traitement ;

2° Douzième du traitement lors de la première nomination ou dans le cas de réintégration et douzième de toute augmentation ultérieure :

3° Retenues pour causes de congés et d'absences ou par mesure disciplinaire (Loi du 9 juin 1853).

La retenue du 5 0|0 s'opère sur le montant des sommes allouées à raison du service fait. On force les décimales s'il y a des fractions de centimes ; ainsi par exemple : pour un traitement annuel de 700 francs dont le douzième est de 58 fr. 33 c., on déduira de cette dernière somme 2 f. 92 c., au lieu de 2 f. 916 qui est le montant exact du 5 0|0.

La retenue du douzième du 1ᵉʳ traitement ou des augmentations ultérieures s'effectue en retranchant du traitement net, c'est-à-dire déduction faite du 5 0|0, le douzième net de l'augmentation.

Il résulte de cette opération, qu'un préposé nouvellement nommé n'a rien à recevoir pour son premier mois de service. On lui transmet néanmoins un mandat qu'il doit acquitter et remettre au percepteur de la commune, pour le mois qui suit une augmentation de traitement, la somme à recevoir par le préposé est la même que pour le mois précédent.

Les retenues pour cause de congés et mesures disciplinaires, s'effectuent de la même manière.

Les traitements communaux ne sont soumis à d'autres retenues que celles qui peuvent être prononcées disciplinairement.

Si un mandat vient à être perdu, on peut en réclamer un duplicata en adressant un certificat du comptable chez lequel il était payable , constatant que le paiement n'en a pas été effectué.

Il convient pour la régularité de la comptabilité et pour éviter les pertes de mandats, que les préposés en perçoivent le montant dans le courant du mois.

3. *Changement de résidence.* — Dans le cas de changement de résidence, il est accordé aux préposés pour se rendre à leur nouveau poste un délai de dix jours lorsque la distance à parcourir n'excède pas 50 myriamètres, plus un jour par 5 myriamètres en sus de cette distance. (Circul. 496.)

Ce délai compte à partir du jour de la remise du service , il peut être restreint si la lettre d'avis du changement fixe l'époque où le préposé devra être rendu à son nouveau poste. Pendant le délai accordé pour le changement de résidence , les traitements domaniaux continuent à être liquidés comme si le préposé était resté à son ancien poste , la partie communale des traitements mixtes et la totalité du traitement des gardes communaux revient au préposé chargé du service.

4. *Préposés logés en maisons forestières.* — Les

préposés domaniaux logés en maison forestière ont la jouissance du jardin et des terrains qui y sont annexés ; la contenance totale des terrains et jardins peut s'élever au maximum à 1 hectare. (Déc. min. du 21 janvier 1856.)

La clôture et l'entretien en sont à la charge des préposés, ils doivent les cultiver en bons pères de familles ; les produits destinés à l'entretien du ménage ne doivent pas être vendus.

L'ordonnance intérieure ou extérieure de la maison ne doit pas être modifiée par les préposés, à moins d'une autorisation spéciale. Les loges, hangars, etc., construits par les préposés près des maisons forestières, doivent être couverts en tuiles ou autres matériaux incombustibles (Circul. n° 592 bis). Voir au reste pour les autres conditions imposées aux préposés logés en maison forestière, le § 6, Chap. I.

3. *Pâturage de deux vaches.* — Les préposés domaniaux logés ou non en maison forestière, ont le droit d'introduire deux vaches au pâturage ; le pâturage ne doit être exercé que sous la surveillance de gardiens et dans les cantons désignés par le chef de service qui en fait mention sur le livret des gardes.

Il est formellement interdit aux gardes de faire commerce de lait ni de beurre, ces produits devant être consommés par eux ou leur famille. (Circul. 341, 448).

Les préposés domaniaux sont autorisés à récolter le fourrage nécessaire pour nourrir leurs vaches pendant l'hiver. Les lieux où l'herbe devra être récoltée seront désignés à chaque brigadier et garde par le chef du cantonnement ; cet agent décidera si l'herbe devra être fauchée, coupée à la faucille, ou arrachée à la main.

Il est interdit aux brigadiers et gardes de vendre ou

d'échanger l'herbe ainsi récoltée, de l'employer à aucun autre usage qu'à la nourriture de leurs bestiaux et d'en abandonner quelque partie que ce soit pour prix de la coupe ou de la récolte (Décision ministérielle du 18 juillet 1851).

6. *Panage.* — Les préposés domaniaux sont autorisés à introduire chacun deux porcs en forêt dans les cantons défensables. Ces cantons, ainsi que l'époque, la durée et les autres conditions de l'exercice du panage, sont indiqués pour une ou plusieurs années par un procès-verbal dressé par le chef de service ; un extrait de ce procès-verbal sera inscrit sur le livret de chaque préposé. Le panage ne peut être exercé, à moins d'une autorisation spéciale délivrée par le chef de service, que sous la surveillance d'un gardien. (Circ. 711).

Les préposés communaux logés ou non, peuvent être admis à jouir d'avantages analogues, si le conseil municipal les y autorise par une délibération régulièrement approuvée; ils sont alors assujétis aux mêmes conditions que les brigadiers et gardes domaniaux.

7. *Chauffage.* — Les préposés forestiers domaniaux reçoivent pour leur chauffage une délivrance dont la quotité est fixée à 8 stères et 100 fagots. Cette délivrance est réduite, pour les gardes mixtes, proportionnellement à la portion de traitement qu'ils perçoivent sur le trésor ; elle est aussi réduite pour les préposés domaniaux et mixtes qui reçoivent des bois de chauffage à titre d'affouagistes ou d'usagers.

Les bois délivrés aux préposés sont mis en charge sur les coupes, ils doivent être de qualité marchande et sont reçus sur la coupe par le chef de cantonnement qui appose l'empreinte de son marteau sur chaque extrémité des bûches. Ils doivent être livrés par l'adjudicataire au domicile des préposés ; il est dressé procès-verbal de cette livraison, et cet acte signé du garde sert de décharge à l'adjudicataire (Déc. ministérielle du 23 juin 1837).

S'il n'y a pas de coupe, les bois sont exploités et transportés au domicile des gardes aux frais de l'administration (déc. ministérielle du 29 mai 1850). Les bois ainsi livrés sont destinés à l'usage exclusif des préposés ou de leurs familles ; ils ne peuvent être ni cédés et vendus ; en cas de départ pour quelque motif que ce soit, la portion restante doit être remise au successeur.

Les préposés communaux à qui des délivrances de bois de chauffage sont faites d'après l'autorisation des conseils municipaux, sont soumis aux mêmes obligations que les gardes domaniaux.

8. *Indemnités*. — Les préposés chargés de missions hors de leur circonscription peuvent être indemnisés des frais occasionnés par leur déplacement, ils n'ont droit à indemnité qu'autant que la mission a été autorisée par l'administration, et dans ce cas cette indemnité est réglée :

Pour frais de voyage, 1 fr. par myriamètre ;

Pour frais de séjour à Paris, 4 fr. ; ailleurs 2 fr. par jour.

L'indemnité de séjour ne doit pas être appliquée au temps du voyage et en général au jour du départ et à celui de l'arrivée (Décision ministérielle du 11 janvier 1845, circul. 708).

8. *Nominations*. — Les gardes et brigadiers domaniaux et mixtes sont nommés par le directeur général (ord. régl., art. 12), les préposés communaux sont nommés par les Préfets (décret du 25 mars 1852). La moi-

tié des emplois de gardes domaniaux ou mixtes est réservée aux sous-officiers rengagés (ord. royales des 27
décembre 1841 et 9 mars 1842), l'autre moitié est attribuée aux fils de gardes domaniaux ou mixtes, aux
gardes cantonniers et aux gardes communaux.

Les gardes communaux, pour être admis dans le service domanial, devront avoir au moins quatre ans
d'exercice et être âgés de moins de 35 ans s'ils ne justifient de cinq ans de services militaires; toutefois, ils
ne pourront, dans aucun cas, être nommés après 40
ans. Il est bien entendu que les gardes communaux qui
auraient servi en qualité de sous-officiers, ou qui seraient fils d'agents ou de gardes, conserveront l'avantage attaché à leur position (Circ. 414, 464).

10. *Brigadiers.* — Les brigadiers sont les intermédiaires entre les gardes et les chefs de cantonnement.

Indépendamment du triage qui peut leur être confié,
ils exercent leur surveillance sur les autres garderies
de leur triage et sur la conduite administrative et pri-
vée des gardes.

Les emplois de brigadiers domaniaux ou mixtes ne
peuvent être donnés qu'à des préposés domaniaux ou
mixtes ayant au moins deux ans d'exercice en cette
qualité (Circ. n° 464).

Les brigadiers à triage doivent être de préférence
appelés aux postes de brigadiers sans triage (Circ.
n° 552 bis).

Le traitement des brigadiers forestiers est fixé ainsi
qu'il suit :

1re Classe.	1,000 fr.
2e — : . . .	900 fr.
3e —	800 fr.

Indépendamment de leurs fonctions de surveillance

et de la notification des procès-verbaux ou jugements dont ils sont généralement chargés, les brigadiers sans triage devront :

Reconnaitre et marquer les lieux où devront être établis les fosses ou fourneaux pour charbon, les loges ou ateliers, sauf au chef de cantonnement à désigner ces emplacements par écrit suivant le vœu de l'art. 38 du code forestier ;

Opérer dans les cantons désignés la délivrance des plants, des harts et généralement de tous les menus produits autres que ceux dont l'enlèvement, s'opérant sur plusieurs points à la fois, ne peut avoir lieu que sous la surveillance du garde local ;

Marquer, lorsque le conservateur en aura donné l'autorisation, les porcs et bestiaux admis au parcours dans les cantons défensables (Circ. 585) ;

Remplacer les agents forestiers dans les ventes des produits accessoires des forêts communales et d'établissements publics, quand l'estimation n'excède pas 100 francs, et dans les ventes sur les lieux des produits principaux et accessoires des mêmes bois, quelque soit le montant de l'estimation des produits (Circ. 519, 593).

11. *Avancement.* — Les brigadiers du service actif peuvent être nommés gardes généraux adjoints, s'ils subissent avec succès les épreuves déterminées par le règlement ministériel du 17 mai 1856.

Pour être admis à subir ces épreuves, les brigadiers doivent avoir au moins deux ans d'exercice dans ce grade (Règl. précité, art. 2).

Les préposés qui désireront prendre part aux épreuves, devront en faire la demande dans l'année qui précédera celle où ils auront l'intention de se présenter (art. 3).

Les conditions du concours sont indiquées dans les art. 6 et suivants du règlement du 17 mai 1856. Ceux des préposés qui se croiraient en mesure de subir l'examen, pourront obtenir communication de ce document qui se trouve chez tous les chefs de cantonnement.

1. *Uniforme.* — Les préposés dans l'exercice de leurs fonctions doivent toujours être revêtus des insignes de leur emploi. (Ord., art. 34.)

La plaque est l'insigne distinctif des fonctions des préposés forestiers et de la pêche ; ils doivent la porter d'une manière ostensible.

L'uniforme des gardes et des brigadiers a été réglé par les décisions ministérielles des 8 août 1840 et 3 juin 1854, don⁴ les dispositions combinées sont ainsi conçues :

13. L'habillement, équipement et armement des gardes forestiers se composent des objets suivants :

1° Tunique vert dragon à jupe plate, avec collet vert, passe-poils et patte jonquille, boutons blancs estampés en relief d'un aigle et surmonté du mot *Forêts*; les gardes forestiers de première classe porteront un galon jonquille au bras gauche. Les brigadiers porteront au collet un léger rameau de chêne en argent.

2° Pantalon vert dragon à grand pont et à boucle, avec passe-poils jonquille,

3° Guêtres de cuir noir, modèle de l'infanterie légère,

4° Col noir en crinoline,

5° Schako en drap vert avec passe-poils jonquille, ganse de même couleur au pourtour supérieur, calot de cuir noir verni, plaque en métal, cocarde aux couleurs nationales, pompon vert et jaune, bourdaloue en cuir verni,

6° Blouse en toile bleue, fendue sur la poitrine,

7. Pantalon en treillis écru,

8° Sac de chasse, dit carnier, avec bandoulière pareille et fourreau de bayonnette, la bandoulière doit être en cuir noir,

9° Ceinturon en cuir noir avec plaque en métal, estampé d'un cor de chasse,

10 Plaque,

11° Marteau,

12° Livret,

13° Chaîne métrique,

14° Couteau de chasse avec ceinturon,

15° Mousqueton avec sa bayonnette et bretelle eu cuir noir garni de doubles boutons en cuivre.

L'administration fournit aux préposés domaniaux la plaque et le livret, elle fournit seulement le livret aux gardes et brigadiers communaux ; tous les autres objets sont achetés et payés directement par les gardes aux fournisseurs désignés par le conservateur ou le chef de service.

La tenue complète n'est obligatoire que pour les préposés domaniaux et mixtes ayant un traitement de 400 francs et au-dessus ; ceux dont le traitement est inférieur à 400 fr. et les gardes communaux peuvent être assujétis à se pourvoir des objets composant la petite tenue et d'équipement indispensables dans le service.

Deux revues d'habillement sont annuellement passées par les inspecteurs ou les agents chefs de service (décision ministérielle du 12 février 1845) ; il est rendu compte au conservateur du résultat de ces revues.

Les chefs de cantonnement vérifieront aussi la tenue des préposés dans leurs visites en forêt et signaleront à l'Inspecteur les objets d'habillement et d'équipement dont ces préposés auraient à se pourvoir. L'Inspecteur transmettra ces rapports avec son avis au Conservateur qui statuera, si dans le mois qui suivra la notification de la décision du Conservateur, les préposés ne justifient pas qu'ils ont formé la commande des objets reconnus nécessaires, le Conservateur les suspendra de leurs fonctions et en référera à l'administration (Circ. 590).

A moins de circonstances exceptionnelles dont l'administration sera juge, les préposés qui ne seront pas pourvus dans les trois mois de leur installation, des objets d'habillement et d'équipement prescrits par les décisions précitées, seront considérés comme démissionnaires (même circul.).

L'entretien des armes a fait l'objet d'une instruction détaillée qui doit être entre les mains de tous les préposés ; nous renvoyons à ce document trop étendu pour être rapporté ici.

Il est défendu de bronzer les mousquetons. (Circul. 597.)

Les mousquetons sont des armes de guerre dont les brigadiers et gardes ne peuvent rester détenteurs lorsqu'ils cessent leurs fonctions. — En cas de démission, révocation, mise à la retraite, décès ou changement d'un garde, son mousqueton doit être remis à son successeur, sauf remboursement du prix d'achat, déduction faite de la détérioration que l'arme aura subie. (Circul. 772.)

Il est important que dans l'exercice de leurs fonctions, les préposés soient toujours revêtus de leur uniforme et pourvus de leur plaque ; le port de ce costume et des insignes distinctifs de l'emploi, ne permet pas de méconnaître la qualité des gardes et prévient ainsi les violences auxquelles ils pourraient être exposés.

14. *Congés*. — Aucun préposé ne doit quitter son poste sans un congé régulier (Arrêté ministériel du 25 avril 1854).

Les congés ne peuvent être accordés que par le Conservateur ou le Directeur général.

Le Conservateur accorde les congés des gardes communaux ; pendant la durée des congés des préposés de cette catégorie, le garde chargé de l'intérim reçoit le traitement affecté au triage.

Le Conservateur peut aussi accorder des congés avec retenue aux préposés domaniaux ou mixtes.

Le Directeur général accorde seul les congés sans retenue (Arrêté du 25 avril 1854).

Les employés ne peuvent obtenir chaque année un congé ou une autorisation d'absence de plus de quinze jours sans subir une retenue. Toutefois, un congé d'un mois sans retenue peut être accordé à ceux qui n'ont joui d'aucune autorisation d'absence pendant trois années consécutives.

Pour les congés de moins de trois mois, la retenue est de la moitié ou des deux tiers au plus du traitement.

Après trois mois de congés consécutifs ou non, dans la même année, l'intégralité du traitement est retenue et le temps excédant les trois mois n'est pas compté comme service effectif pour la pension de retraite.

Sont affranchies de toute retenue, les absences ayant pour cause l'accomplissement d'un des devoirs imposés par la loi.

En cas d'absence pour cause de maladie dûment constatée, le fonctionnaire ou l'employé peut être autorisé à conserver l'intégralité de son traitement pendant un temps qui ne peut excéder trois mois ; pendant les trois mois suivants, il peut obtenir un congé avec retenue de la moitié au moins et des deux tiers au plus du traitement.

Si la maladie est la suite d'un acte de dévouement dans un intérèt public ou d'une lutte soutenue dans l'exercice de leurs fonctions ; si elle est determinée par un accident grave résultant notoirement de l'exercice de leurs fonctions, les préposés peuvent conserver l'intégralité de leur traitement jusqu'à leur rétablissement ou leur mise à la retraite (Décret du 9 novembre 1853, art. 16).

L'employé qui s'est absenté ou qui a dépassé la durée de son congé sans autorisation, peut être privé de son traitement pendant un temps double de celui de son absence irrégulière (même décret, art. 17).

Toute demande de congé doit énoncer le motif de l'absence et le lieu où le réclamant a l'intention de se rendre (arrèté ministériel du 25 avril 1854) ; elle doit être transmise par la voie hiérarchique.

Toute demande de congé sans retenue, pour cause de maladie, doit être appuyée d'un certificat de médecin ; dans le cas où la maladie est de nature à entraîner un déplacement, la nécessité doit en être constatée par un certificat d'un médecin désigné par le Conservateur et assermenté (même arrèté, art. 16).

Les congés cessent d'être valables, s'il n'en a pas été fait usage dans les quinze jours de leur notification (Id., art. 2).

Il peut se présenter telle circonstance grave et urgente, qu'un préposé soit obligé de quitter son poste sans avoir le temps de solliciter un congé ; dans ce cas, il devra en rendre immédiatement compte à son supérieur hiérarchique et ne quitter son poste qu'après que le service sera assuré en son absence (Circ. n° 733).

Les préposés du service actif qui se feront transporter dans un hôpital ou qui se rendront aux eaux pour cause de maladie dûment constatée ou par suite de blessures reçues dans l'exercice de leurs fonctions, pourront être admis dans les hôpitaux militaires moyennant une indemnité réglée d'après le tarif adopté pour les militaires.

Cette indemnité sera versée après la sortie de l'établissement militaire entre les mains du Receveur particulier de l'arrondissement de la résidence du garde, sur le produit du premier mandat de traitement. La quittance de ce versement et le décompte dûment légalisé de l'indemnité, délivrés par l'économe ou l'administrateur de l'hôpital, seront transmis par le préposé au chef de cantonnement (Circ. n° 525).

15. *Retraites*. — Les préposés forestiers domaniaux ou mixtes ont droit à la pension de retraite (Loi du 9 juin 1853, art. 3 et 4).

Le droit à la pension de retraite est acquis pour les préposés, à 55 ans d'âge et 25 ans de service ; est dispensé de la condition d'âge, le titulaire qui est reconnu par le ministre hors d'état de continuer ses fonctions (Id., art. 5).

La pension est basée sur la moyenne des traitements et émoluments de toute nature soumis à retenue, dont l'ayant-droit a joui pendant les six dernières années d'exercice (Id., art. 6).

La pension est réglée pour chaque année de service

au 60e du traitement moyen ; néanmoins, après 25 ans de services entièrement rendus dans la partie active, elle est de la moitié du traitement moyen, avec accroissement pour chaque année de services en sus d'un 50e du traitement. En aucun cas elle ne peut excéder les trois quarts du traitement moyen (Id., art. 7).

Les services dans les armées de terre et de mer concourrent avec les services civils pour établir le droit à la pension et sont comptés pour leur durée effective, pourvu toutefois que les services civils soient au moins de dix ans dans la partie active.

Si les services militaires de terre ou de mer ont déjà été rémunérés par une pension, ils n'entrent pas dans le calcul de la liquidation ; s'ils n'ont pas été rémunérés par une pension, la liquidation est opérée d'après le minimum attribué au grade par les tarifs annexés à la loi des 11 et 18 avril 1831 (Id., art. 8).

Peuvent exceptionnellement obtenir pension quels que soient leur âge et la durée de leur activité :

1° Les fonctionnaires ou employés qui auront été mis hors d'état de continuer leur service soit par suite d'un acte de dévouement dans un intérêt public ou en exposant leurs jours pour sauver la vie d'un de leurs concitoyens, soit par suite de lutte ou combat soutenu dans l'exercice de leurs fonctions ;

2° Ceux qu'un accident grave, résultant notoirement de l'exercice de leurs fonctions, met dans l'impossibilité de les continuer ;

Peuvent également obtenir pension s'ils comptent quarante-cinq ans d'âge et quinze ans de service dans la partie active, ceux que des infirmités graves, résultant de l'exercice de leurs fonctions, mettent dans l'impossibilité de les continuer, où dont l'emploi aura été supprimé (Id., art. 11).

Dans les cas prévus par le § 1er de l'article précédent, la pension est de moitié du dernier traitement.

Dans le cas prévu par le § 2, la pension est liquidée à raison d'un 50e du dernier traitement pour chaque année de service civil, elle ne peut être inférieure au 6e dudit traitement.

Dans les cas prévus par le § 3 de l'article précédent, la pension est également liquidée à raison d'un 50e du traitement moyen pour chaque année de service civil (Id., art. 12).

A droit à pension, la veuve du fonctionnaire qui a obtenu une pension de retraite ou qui a accompli la durée du service exigée par l'art. 5, pourvu que le mariage ait été contracté six ans avant la cessation des fonctions du mari.

La pension de la veuve est du tiers de celle que le mari avait obtenue ou à laquelle il aurait eu droit; elle ne peut être inférieure à cent francs, sans toutefois excéder celle que le mari aurait obtenue ou pu obtenir.

Le droit à pension n'existe pas pour la veuve dans le cas de séparation prononcée sur la demande du mari (Id., art. 13).

Ont droit à pension :

1° La veuve du fonctionnaire ou employé qui, dans l'exercice ou à l'occasion de ses fonctions, a perdu la vie dans un naufrage ou dans un des cas spécifiés au § 1er de l'art. 11, soit immédiatement, soit par suite de l'événement ;

2° La veuve dont le mari aurait perdu la vie par un des accidents prévus au § 2 de l'art. 11 ou par suite de cet accident.

Dans le premier cas, la pension est des deux tiers de celle que le mari aurait obtenue ou pu obtenir par application de l'art. 12 (1er §).

Dans le second cas, la pension est du tiers de celle que le mari aurait obtenue ou pu obtenir en vertu dudit article (2e §).

Dans les cas spécifiés au présent article, il suffit que le mariage ait été contracté antérieurement à l'événement qui a amené la mort ou la mise à la retraite du mari (Id., art. 14).

L'orphelin ou les orphelins mineurs d'un fonctionnaire ou d'un employé ayant obtenu pension, ou ayant accompli la durée de services exigée par l'art. 5 de la présente loi, ou ayant perdu la vie dans un des cas prévus par les § 1er et 2 de l'art. 14, ont droit à un secours annuel lorsque la mère est ou décédée ou inhabile à recueillir la pension ou déchue de ses droits.

Ce secours est, quel que soit le nombre des enfants, égal à la pension que la mère aurait obtenue ou pu obtenir, conformément aux art. 13, 14 et 15; il est partagé entr'eux par égales portions et payé jusqu'à ce que le plus jeune des enfants ait atteint l'âge de vingt et un ans accomplis, la part de ceux qui décéderaient ou celles des majeurs faisant retour aux mineurs.

S'il existe une veuve et un ou plusieurs orphelins mineurs provenant d'un mariage antérieur du préposé, il est prélevé sur la pension de la veuve et sauf reversibilité en sa faveur, un quart au profit de l'orphelin du premier lit, s'il n'en existe qu'un en âge de minorité, et la moitié s'il en existe plusieurs (Id., art. 16).

Toute demande de pension doit être adressée au ministre du département auquel appartient le fonctionnaire. Cette demande doit, à peine de déchéance, être présentée avec les pièces à l'appui dans le délai de cinq ans à partir de la promulgation de la présente loi (9 juin 1853), pour les droits ouverts antérieurement et pour les droits qui s'ouvriront postérieurement à partir, savoir : pour le titulaire, du jour où il aura été admis à faire valoir ses droits à la retraite, ou du jour de la cessation de ses fonctions s'il a été autorisé à les continuer après cette admission, et pour la veuve, du jour du décès du fonctionnaire.

Les demandes de secours annuels pour les orphelins doivent être présentées dans le même délai, à partir de la promulgation de la présente loi ou du jour du décès de leur père ou de leur mère (Id., art. 22).

La jouissance de la pension commence du jour de la cessation du traitement ou le lendemain du décès du fonctionnaire ; celle du secours annuel, du lendemain du décès du fonctionnaire ou du décès de la veuve ; il ne peut dans aucun cas y avoir rappel de plus de trois années d'arrérages antérieurs à la date de l'insertion au bulletin des lois du décret de concession (art. 25).

Les pensions sont incessibles, aucune saisie ou retenue ne peut être opérée du vivant du fonctionnaire que jusqu'à concurrence d'un cinquième pour débet envers l'Etat ou pour des créances privilégiées, aux termes de l'art. 2,101 du code Napoléon, et d'un tiers dans les circonstances prévues par les art. 203, 205, 206, 207 et 214 du même code (art. 26).

Tout fonctionnaire ou employé démissionnaire, destitué, révoqué d'emploi, perd ses droits à la pension ; s'il est remis en activité, son premier service lui est compté.

Celui qui est constitué en déficit pour détournement

de deniers ou de matières, ou convaincu de malversa-
tion, perd ses droits à la pension, lors même qu'elle
aurait été liquidée ou inscrite.

La même disposition est applicable au fonctionnaire
convaincu de s'être démis de son emploi à prix d'argent et à celui qui aura été condamné à une peine in-
famante ou afflictive; si dans ce dernier cas il y a réha-
bilitation, les droits à la pension seront rétablis (art.
27).

Le fonctionnaire admis à la retraite doit produire
indépendamment de son acte de naissance et d'une
déclaration de domicile :

1º Pour la justification des services civils : un extrait dûment certifié des registres et sommiers de l'administration ou du ministère auquel il a appartenu,
énonçant ses noms et prénoms, sa qualité, la date et le
lieu de sa naissance, la date de son entrée dans l'emploi avec traitement, la série de ses grades et services,
l'époque et les motifs de leur cessation et le montant
du traitement dont il a joui pendant chacune des six
dernières années de son activité.

Lorsqu'il n'aura pas existé de registres, ou que tous
les services administratifs ne se trouveront pas inscrits
sur les registres existants, il y sera suppléé, soit par
un certificat du chef où des chefs compétents des administrations où l'employé aura servi, relatant les indications ci-dessus énoncées, soit par un extrait des
comptes et états d'émargement certifié par le greffier
de la cour des comptes.

Les services civils rendus hors d'Europe sont constatés par un certificat distinct délivré par le ministre
compétent. Ce certificat, conforme au modèle annexé
au décret, énonce, pour chaque mutation d'emploi,

le traitement normal du grade et le supplément accordé à titre de traitement colonial.

A défaut de ces justifications, et lorsque, pour cause de destruction des archives dont on aurait pu les extraire, ou du décès des fonctionnaires supérieurs, l'impossibilité de les produire aura été prouvée, les services pourront être constatés par acte de notoriété ;

2° Pour la justification des services militaires de terre et de mer ;

Un certificat directement émané du ministère de la guerre ou de celui de la marine.

Les actes de notoriété, les congés de réforme et les actes de licenciement ne sont pas admis pour la justification des services militaires. Lorsque des actes de cette nature sont produits, ils sont renvoyés au ministère de la guerre ou à celui de la marine, qui les remplace, s'il y a lieu, par un certificat authentique.

Les services des employés de préfectures et de sous-préfectures sont justifiés par un certificat du préfet ou du sous-préfet constatant que le titulaire a été rétribué sur des fonds d'abonnement, et ce certificat doit être visé par le ministre de l'intérieur.

Les veuves prétendant à pension fournissent, indépendamment des pièces que leur mari aurait été tenu de produire :

1° Leur acte de naissance ;

2° L'acte de décès de l'employé ou du pensionnaire ;

3° L'acte de célébration du mariage ;

4° Un certificat de non-séparation de corps, et, si le mariage est antérieur à la loi du 8 mai 1816, un certificat de non-divorce ;

5° Dans le cas où il y aurait eu séparation de corps,

la veuve doit justifier que cette séparation a été prononcée sur sa demande.

Les orphelins prétendant à pension fournissent, indépendamment des pièces que leur père aurait été tenu de produire :

1° Leur acte de naissance ;

2° L'acte de décès de leur père ;

3° L'acte de célébration de mariage de leurs père et mère ;

4° Une expédition ou un extrait de l'acte de tutelle ;

5° En cas de prédécès de la mère, son acte de décès ;

En cas de séparation de corps, expédition du jugement qui a prononcé la séparation ou un certificat du greffier du tribunal qui a rendu le jugement ;

En cas de second mariage, acte de célébration.

Les veuves ou orphelins prétendant à pension produisent le brevet délivré à leur mari ou père, lorsqu'il est décédé en jouissance de pension, ou une déclaration constatant la perte de ce titre.

Les enfants orphelins des fonctionnaires décédés pensionnaires ne peuvent obtenir des secours à titre de réversion qu'autant que le mariage dont ils sont issus a précédé la mise à la retraite de leur père.

Dans les cas spécifiés aux paragraphes 1er et 2 de l'article 11, 1er et 2 de l'article 14 de la loi du 9 juin 1853, l'événement donnant ouverture au droit à pension doit être constaté par un procès-verbal en due forme dressé sur les lieux et au moment où il est survenu. A défaut de procès-verbal, cette constatation peut s'établir par un acte de notoriété rédigé sur la déclaration des témoins de l'événement ou des personnes qui ont été à même d'en connaître et d'en apprécier les conséquences. Cet acte doit être corroboré par les attestations conformes de l'autorité municipale et des supérieurs immédiats des fonctionnaires.

Dans le cas d'infirmités prévu par le troisième paragraphe de l'article 11 de la loi du 9 juin, ces infirmités et leurs causes sont constatées par les médecins qui ont donné leurs soins au fonctionnaire et par un médecin désigné par l'administration et assermenté. Ces certificats doivent être corroborés par l'attestation de l'autorité municipale et celle des supérieurs immédiats du fonctionnaire.

Tout titulaire d'une pension inscrite au Trésor doit produire, pour le paiement, un certificat de vie délivré par un notaire, conformément à l'ordonnance du 6 juin 1839, lequel certificat contient, en exécution des articles 14 et 15 de la loi du 15 mai 1848, la déclaration relative au cumul.

La rétribution fixée par le décret du 21 août 1806 et l'ordonnance du 20 juin 1817, pour la délivrance des certificats de vie, est modifiée ainsi qu'il suit :

Pour chaque trimestre à percevoir :

De 600 francs et au-dessus	» fr.	50 c.
De 600 à 301 francs	»	35
De 300 à 101 francs	»	25
De 100 à 50 francs	»	20
Au-dessous de 50 francs	»	»

Il est important que les préposés conservent avec soin les commissions qui leur sont délivrées, pour être en mesure de les représenter lorsqu'ils feront valoir leurs droits à la retraite.

Si, sur les commissions qui leur sont délivrées, les noms et prénoms ne sont pas inscrits conformément à l'acte de naissance, ils les renverront à leur supérieur immédiat en demandant qu'il y soit fait les rectifications convenables. De simples transpositions dans les prénoms nécessitent parfois des démarches et des frais, si elles ne sont pas corrigées immédiatement.

Il est aussi très-important pour les préposés de faire constater, dans les formes indiquées par l'article 35 du décret du 9 novembre 1853, les accidents graves qu'ils éprouvent dans l'exercice ou à l'occasion de l'exercice de leurs fonctions. Cette constatation doit autant que possible être faite immédiatement et signée des témoins de l'accident; les signatures des témoins seront certifiées par l'autorité municipale; faute d'avoir ainsi fait constater des événements qui, plus tard, peuvent donner des droits à une retraite exceptionnelle, il faut recourir à un acte de notoriété qu'il est coûteux et difficile de se procurer.

GARDES PARTICULIERS. — GARDES-VENTES.

16. *Gardes particuliers.* — Les particuliers possesseurs de forêts ont le droit de nommer des gardes qui exercent sur ces propriétés la même surveillance que les préposés commissionnés par l'Administration des forêts, sur les bois soumis au régime forestier.

Les commissions de garde délivrées par les particuliers devront être rédigées sur timbre.

Elles sont soumises à l'enregistrement au droit fixe de 2 fr.

Si plusieurs propriétaires nomment, par le même acte, un seul individu garde de leurs bois, il est dû autant de droits d'enregistrement qu'il y a de propriétaires distincts.

17. Les gardes nommés par les particuliers devront être agréés par le Sous-Préfet de l'arrondissement.

(C. for., art. 117). — Leurs commissions sont inscrites dans les sous-préfectures, sur un registre où
sont relatés les noms et demeures des propriétaires et
des gardes, ainsi que la désignation et la situation des
bois.

Si le Sous-Préfet croit devoir refuser son visa, il en
rend compte au Préfet, en lui indiquant les motifs de
son refus. (Ord., art. 150).

18. Les gardes particuliers ne peuvent exercer leurs
fonctions qu'après avoir prêté serment devant le tribunal de première instance. (C. for., art. 117).

Le serment que prêtent les préposés commissionnés par les particuliers est le même que celui des préposés de l'Administration. — il est assujetti aux
mêmes formalités. (Voir chap. 1, § 3). Toutefois, la
commission ayant dû être rédigée sur timbre et en-
registrée au préalable, il n'y a pas lieu de la soumettre
au timbre à l'extraordinaire.

19. Le garde forestier d'un particulier est sans qualité pour constater les délits commis au préjudice
d'une autre personne.

Sa compétence comme officier de police judiciaire
est limitée aux propriétés indiquées sur sa commission.

20. L'acceptation par l'autorité administrative des
préposés commissionnés par un ou plusieurs particuliers et le serment qu'ils prêtent, confèrent à ces gardes
la qualité d'officier de police judiciaire ; aussi, jouissent-ils du privilége de juridiction comme les préposés de l'administration des forêts (Voir chap. II, § 13).

Les gardes particuliers n'exerçant leurs fonctions
que dans l'intérêt privé des particuliers qui les nomment, ne sont pas agents du gouvernement ; ils ne

jouissent pas, par conséquent, de la garantie administrative réservée à ces derniers par l'art. 75 de la constitution de frimaire an VIII.

21. Quoiqu'ils ne soient pas considérés comme agents du gouvernement, et qu'ils n'aient pas à prêter en cette qualité le serment politique prescrit par l'article 14 de la constitution, les violences et voies de fait qui seraient exercées contr'eux, dans l'exercice de leurs fonctions, sont considérées comme des actes de rébellion.

22. Les procès-verbaux rédigés par les gardes particuliers font foi jusqu'à preuve contraire. (C. for., art. 188).

Ces actes doivent être dressés sur papier timbré ; ils sont, du reste, soumis aux formalités de l'affirmation et de l'enregistrement comme les procès-verbaux dressés par les gardes de l'administration.

23. Toutes les règles de la constatation des délits indiquées au chap. III, s'appliquent aux procès-verbaux dressés par les gardes particuliers, à l'exception du droit de réquisition directe de la force publique, qui ne leur a pas été attribué.

Lorsqu'ils croient nécessaire de réclamer pour la répression des délits le concours de la force publique, ils sont obligés de s'adresser au Maire ou à l'Adjoint.

24. Les procès-verbaux dressés par les gardes des bois des particuliers seront, dans le délai d'un mois à dater de l'affirmation, remis au procureur impérial ou au juge de paix, suivant leur compétence. (C. for., art. 191).

La compétence des tribunaux correctionnels ou de ceux de simple police en ce qui concerne les délits commis dans les bois de particuliers, se détermine d'après la peine encourue. — Comme les gardes ne peuvent savoir exactement les condamnations que leurs procès-verbaux peuvent entraîner, et comme d'ailleurs ils ignorent la suite que les propriétaires des forêts qu'ils surveillent veulent donner à ces actes, ils les transmettront aussitôt après l'enregistrement soit au propriétaire lui-même, soit à son régisseur.

25. Les gardes particuliers n'ont pas qualité pour signifier les procès-verbaux, citer et assigner les pré-venus. — Tous les exploits relatifs à la poursuite des délits commis dans les bois de particuliers sont faits par le ministère des huissiers.

26. Toutes les règles indiquées au chapitre V pour la constatation des délits s'appliquent aux procès-verbaux dressés par les gardes particuliers, à l'exception de celles comprises dans les §§ 25 à 29, et 34 à 43, qui concernent des délits spéciaux aux bois soumis au régime forestier.

27. Les adjudicataires des coupes assises dans les bois de particuliers ne sont pas soumis aux règlements qui régissent les exploitations dans les bois gérés par l'administration des forêts. Aussi, toutes les règles examinées dans le chapitre VI, sont-elles sans application en ce qui concerne le service des gardes par-ticuliers.

La surveillance que ces préposés ont à exercer sur les exploitations, consiste à faire exécuter les conven-tions du marché passé entre l'acquéreur et le pro-priétaire ; marché dont il convient qu'il leur soit donné communication. — Toute infraction aux clauses de la vente doit être portée par le garde à la connaissance du propriétaire ou de son mandataire.

28. Les gardes des bois des particuliers procèdent

aux opérations de balivage et d'estimation des coupes de la même manière que les préposés de l'administration ; ils dirigent, comme ces derniers, les travaux d'amélioration exécutés dans les forêts qu'ils surveillent. Nous renvoyons donc pour ces parties de leur service aux chapitres X et XI.

29. *Gardes ventes.* — Chaque adjudicataire sera tenu d'avoir un facteur ou garde-vente qui sera agréé par l'agent forestier local et assermenté devant le juge de paix. — Ce garde-vente sera autorisé à dresser des procès-verbaux tant dans les ventes qu'à l'ouïe de la cognée. — Ses procès-verbaux seront soumis aux mêmes formalités que ceux des gardes forestiers et feront foi jusqu'à preuve contraire. (C. for., art. 31).

30. Les adjudicataires seront responsables de tout délit forestier commis dans leurs ventes et à l'ouïe de la cognée si leurs facteurs ou gardes-ventes n'en font leurs rapports, lesquels doivent être remis à l'agent forestier dans le délai de cinq jours. (C. for., art. 45).

Les procès-verbaux dressés par les facteurs doivent être réguliers et probants, c'est-à-dire qu'ils doivent réunir toutes les conditions de validité indiquées dans le chapitre III.

31. Un procès-verbal incomplet ou annulé pour vice de forme ne ferait pas cesser la responsabilité de l'adjudicataire. — Un procès-verbal régulier dressé par un facteur ne fait pas cesser cette responsabilité s'il ne désigne pas l'auteur du délit, ou s'il ne justifie pas des démarches et diligences faites pour le découvrir.

La dénonciation du délit faite par l'adjudicataire lui-même ou par son facteur, aux préposés et agents forestiers ,ne décharge pas l'adjudicataire de la responsabilité.

Pour que ce dernier soit mis à couvert, il est indispensable que dans les cinq jours qui suivent le délit, son garde-vente l'ait constaté par un procès-verbal régulier, affirmé, enregistré et remis au chef du cantonnement.

Ce délai de cinq jours court à partir du jour où le délit a été commis et non celui où il a été constaté.

32. Le garde-vente tiendra un registre sur papier timbré, coté et paraphé par l'agent forestier ; il y inscrira, jour par jour et sans lacune, la mesure et la quantité des bois qu'il aura débités et vendus, ainsi que les noms des personnes auxquelles il les aura livrés. (Ord., art. 94).

Il sera tenu, toutes les fois qu'il en sera requis, de représenter ce registre aux agents forestiers pour être visé et arrêté par eux. (Cahier des charges).

FIN.

27ᵉ CONSERVATION.

—

DÉPARTEMENT
de l'Hérault.

—

ARRONDISS. COMMUNAL
de Saint-Pons.

—

INSPECTION
de Montpellier.

CANTONNEMENT
de Saint-Pons.

—

Coupe de bois de plus de
2 décim. — Flagrant
délit. — Complicité.

—

Enregistré à
mil huit cent cinquante-
à recouvrer.
le au droit de

Exemple Nᵒ 1.

—

Direction Générale des Forêts.

L'an mil huit cent cinquante-trois, le douze du mois de mars.

Nous soussigné N..., garde forestier à la résidence de Saint-Pons, assermenté et revêtu des marques distinctives de nos fonctions, certifions que, faisant notre tournée vers sept heures du matin, dans la forêt de Serignan appartenant à l'Etat, au canton appelé la Haute-Sagne, sis au territoire de la commune de St-Pons, et dont le bois est âgé de 18 ans ;

Nous avons aperçu un individu qui coupait à l'aide d'une hache des bois que deux autres personnes étaient occupées à façonner en billes. Nous étant approché nous avons reconnu les nommés Tarbouriech, Jean, ouvrier tisseur, Lartigue, François, fils mineur de Fulcrand, demeurant chez son père, et Jeanne Vergne, fille majeure, tous les trois demeurant à St-Pons. Nous avons mesuré les arbres ainsi exploités qui sont au nombre de cinq, tous essence chêne, dont trois de 3 décimètres et deux de 4 décimètres de tour, mesure prise sur les souches, les bois étant déjà façonnés et refendus. Lesdits arbres étaient verts et sains ; leur valeur est de 4 fr. 50 c. Nous avons évalué à 20 fr. le dommage causé par l'abatage desdits bois. Nous avons saisi la hache du sieur Tarbouriech et les bois coupés en délit que nous avons marqués de notre marteau particulier et laissés sur place.

En foi de quoi nous avons rédigé le présent procès-verbal que nous avons clos à St-Pons le treize mars mil huit cent cinquante-trois.

Signature du garde.

Nota. *Copier sur le registre. Mentionner en marge du procès-verbal, dans la case à ce destinée, le numéro de la feuille du registre sur laquelle cette copie a été faite. Affirmer au plus tard le lendemain de la clôture du procès-verbal.*

AFFIRMATION.

—

Par-devant nous, juge de paix du canton de Saint-Pons, a comparu le sieur N....., garde forestier dénommé au rapport qui précède, lequel l'a affirmé par serment, sincère et véritable, et a signé avec nous,

A Saint-Pons, le treize mars mil huit cent cinquante-trois.

Signat. du juge de paix.   Signat. du garde.

SIGNIFICATION

et

ASSIGNATION.

Enregistré à mil huit cent cinquante- à recouvrer.

le   au droit de

L'an mil huit cent cinquante-trois, le vingt du mois d'avril, à la requête de l'Administration des forêts, poursuites et diligences de M. l'Inspecteur des forêts à la résidence de Montpellier, lequel fait élection de domicile à Saint-Pons.

Je soussigné N..., garde forestier, demeurant commune de Saint-Pons, assermenté et revêtu des marques distinctives de nos fonctions, ai signifié le procès-verbal d'autre part, à

1° Tarbouriech, Jean, demeurant à Saint-Pons, en son domicile, parlant à sa personne ;

2° Lartigue, François, demeurant à Saint-Pons, en son domicile, parlant à Madeleine Chassin, sa mère ;

3° Lartigue Fulcrand, demeurant à Saint-Pons, en son domicile, parlant à sa femme ;

4° Jeanne Vergne, demeurant à Saint-Pons, en son domicile, parlant à sa tante, ainsi déclarée.

Avec assignation à comparaître le quinze mai mil huit cent cinquante-trois, à onze heures du matin et jours suivants, s'il y a lieu, par-devant le tribunal correctionnel séant à Saint-Pons, pour s'y voir condamner aux peines portées par la loi ; et afin qu'ils n'en ignorent j'ai, aux susnommés, parlant comme dessus, laissé copie tant dudit procès-verbal et de l'acte d'affirmation que du présent exploit, dont le coût est de

dont acte

Signature du garde,

ETAT DES FRAIS.

—

Timb. { du proc.-verb.
       { de la copie . .

Enregis. { du proc.-verb.
         { de la citation.

Ecrit. { Original de la
        {   citation. . .
        { Copie de l'exp.
        { Rôles non compris le 1er. .

Myriam. parcourus. . .

Total . . .

16e CONSERVATION.

—

DÉPARTEMENT
de la Meuse.

—

ARRONDISS. COMMUNAL
de Montmédy.

—

INSPECTION
de Montmédy.

—

CANTONNEMENT.
de Spincourt.

———

Coupe et enlèvement
d'arbres de plus de 2
déc. — Visite domici-
liaire. — Saisie. —
Séquestre.

———

Exemple n° 2.

Direction Générale des Forêts.

L'an mil huit cent cinquante-cinq, le dix du mois de mars.

Nous soussignés M... brigadier des forêts à la résidence de Senon, et N... garde forestier à la résidence de Loison, assermentés et revêtus des marques distinctives de nos fonctions, certifions que, faisant notre tournée vers onze heures du matin dans la forêt de Senon, appartenant à la commune de Senon, au canton appelé la Réserve, sis au territoire de la commune de Senon, et dont le bois est âgé de quarante ans ;

Nous avons reconnu qu'il avait été récemment coupé à la scie et enlevé un chêne vif de cinquante centimètres de tour, mesure prise sur la souche. Les traces de l'enlèvement se dirigeaient vers le chemin de Senon ; nous avons constaté que ledit arbre avait été traîné jusqu'au bord dudit chemin et avait été chargé sur une voiture dont les roues avaient laissé leur empreinte sur le bord du fossé. Convaincus que cet arbre avait dû être transporté au village de Senon, nous avons requis M. le Maire de cette commune de nous accompagner dans une visite domiciliaire à laquelle nous avons procédé ledit jour en sa présence.

Nos perquisitions ont donné les résultats suivants :

Dans un hangar dépendant de la maison du sieur Sallier François, cultivateur audit Senon, nous avons trouvé, caché dans un tas de paille, un chêne de cinquante centimètres, mesure prise sur la découpe. Cet arbre fraîchement coupé à l'aide d'une scie, présentait la même couleur et la même forme que la souche trouvée en forêt. Les morceaux d'écorce que nous avons pris sur la souche, comparés à l'écorce de l'arbre enlevé, ont présenté les mêmes nuances et signes caractéristiques. Ainsi les crevasses des morceaux d'écorce pris sur la souche, se retrouvaient avec leur forme et direction, sur l'écorce de l'arbre enlevé. Une gerçure ancienne que nous avons remarquée sur la souche, se reproduisait dans la même direction sur l'arbre trouvé chez le sieur Sallier.

Nous avons invité ledit Sallier à assister au rapatronage, ce à quoi il s'est refusé. Interpellé sur l'origine de cet arbre, il nous a déclaré l'avoir acheté d'une personne dont il n'a pu nous dire le nom. La valeur de l'arbre abattu est de 6 fr. — Nous avons estimé à 10 fr. le dommage occasionné par ce délit.

Ayant reconnu que l'arbre trouvé chez le sieur Sallier était celui dont nous avions trouvé la souche, et attendu qu'il était difficile de procéder à un rapatronage à raison des dimensions de l'objet du délit, nous avons marqué de notre marteau les deux extrémités dudit arbre et l'avons saisi et fait transporter chez le sieur Michel, secrétaire de la mairie, que nous avons déclaré séquestre et qui s'est engagé à le représenter à toute réquisition légale. Nous lui avons remis copie du présent procès-verbal qu'il a signé avec nous.

Fait et clos à Senon, les jour, mois et an que dessus, à deux heures du soir.

Sig. du maire   Sig. du séquestre.   Sig. des gardes

AFFIRMATION.

—

Par-devant nous maire de la commune de Senon, ont comparu les sieurs M..., brigadier des forêts, et N.... garde forestier dénommés au rapport qui précède, lesquels après que lecture leur en a été par nous faite, l'ont affirmé par serment sincère et véritable et ont signé avec nous.

A Spincourt, le onze mars, à neuf heures du matin, mil huit cent cinquante-cinq.

Signat. du maire.   Signat. des gardes.

SIGNIFICATION
et
ASSIGNATION.

—

L'an mil huit cent cinquante-cinq, le quinze du mois d'avril, à la requête de l'Administration des forêts, poursuites et diligences de M. l'Inspecteur des forêts à la résidence de Montmédy, lequel fait élection de domicile à Montmédy.

Je soussigné N..., brigadier forestier, demeurant commune de Senon, assermenté et revêtu des marques distinctives de nos fonctions, ai signifié le procès-verbal d'autre part, à

1° Sallier François, demeurant à Senon, en son domicile, parlant à Nicolas Maupin, son voisin, n'ayant trouvé personne au domicile de la partie.

Avec assignation à comparaître le premier mai mil huit cent cinquante-cinq, à onze heures du matin et jours suivants, s'il y a lieu, par-devant le tribunal correctionnel séant à Montmédy, pour s'y voir condamner aux peines portées par la loi; et afin qu'il n'en ignore j'ai au susnommé, parlant comme dessus, laissé copie tant dudit procès-verbal et de l'acte d'affirmation que du présent exploit, dont le coût est de   dont acte.

Signature du garde.   Signature du voisin.

27ᵉ CONSERVATION.

DÉPARTEMENT
de l'Hérault.

ARRONDISS. COMMUNAL
de Saint-Pons.

INSPECTION
de Montpellier.

CANTONNEMENT.
de Saint-Pons.

Coupe et enlèvement de
bois de moins de **2**
décimètres. — Saisie
non effectuée d'ins-
truments de délits.

Direction générale des Forêts.

L'an mil huit cent cinquante-cinq, le trois
du mois de mars.

Nous soussigné N .., garde forestier à la résidence de la Salvetat, assermenté et revêtu
des marques distinctives de nos fonctions, certifions que, faisant notre tournée vers sept
heures du matin, dans la forêt du Devez,
appartenant à l'Etat, au canton appelé Travers des Faus, sis au territoire de la commune de la Salvetat, et dont le bois est âgé de
onze ans,

Nous avons rencontré les sieurs Goutines
Joseph, cultivateur, célibataire, demeurant
chez Jean Goutines, son père, fermier aux
Esclats, et Parrot Nicolas, domestique dudit
Jean Goutines, lesquels avaient coupé à la
serpe et emportaient chacun une charge à
dos de brins verts, de moins de 2 décimètres
de tour, essence chêne et hêtre. La valeur des-
dites charges est de 1 fr. l'une, le dommage
causé au peuplement est de 6 fr. Nous avons
requis les sieurs Goutines et Parrot de nous
faire la remise des serpes dont ils étaient
porteurs, ce à quoi ils se sont refusés. Nous
leur avons déclaré la saisie desdits instruments évalués à 3 fr. l'un, ainsi que du bois
dont ils sont demeurés en possession.

Fait et clos à la Salvetat, le trois mars mil
huit cent cinquante-cinq.

SIGNIFICATION
et
ASSIGNATION.

L'an mil huit cent cinquante-cinq, le huit du mois de mai, à la requête de l'Administration des forêts, poursuites et diligences de M. l'Inspecteur des forêts à la résidence de Montpellier, lequel fait élection de domicile à Saint-Pons.

Je soussigné N......., garde forestier, demeurant commune de la Salvetat, assermenté et revêtu des marques distinctives de nos fonctions, ai signifié le procès-verbal d'autre part, à

1° Goutines Joseph, cultivateur, demeurant à la ferme des Esclats (la Salvetat), en son domicile, parlant à son valet de ferme, ainsi déclaré ;

2° Goutines Jean, fermier, demeurant aux Esclats (commune de la Salvetat), en son domicile, parlant à son valet de ferme, ainsi déclaré ;

3° Parrot Nicolas, cultivateur, demeurant à la Salvetat, en son domicile, parlant à M. le Maire de la Salvetat, n'ayant trouvé personne au domicile de la partie et aucun voisin n'ayant voulu recevoir la copie.

Avec assignation à comparaître le

heures du   et jours suivants, s'il y a lieu, par-devant le tribunal correctionnel séant à   , pour s'y voir condamner aux peines portées par la loi ; et afin qu'ils n'en ignorent j'ai, aux susnommés, parlant comme dessus, laissé copie tant dudit procès-verbal et de l'acte d'affirmation que du présent exploit, dont le coût est de
dont acte.

Signature du garde.   Signature du Maire.

Exemple N° 4.

DÉPARTEMENT
du Bas Rhin.

Direction Générale des Forêts.

ARRONDISS. COMMUNAL
de Strasbourg.

INSPECTION
de Haguenau.

1er CANTONNEMENT
de Haguenau.

Mutilation. — Récidive.

L'an mil huit cent cinquante-deux, le six du mois d'avril,

Nous soussigné N..., garde forestier à la résidence de Schweighausen, assermenté et revêtu des marques distinctives de nos fonctions, certifions que, faisant notre tournée vers six heures du matin dans la forêt de Haguenau, appartenant à la ville et à l'Etat, au canton appelé Daxbübel, sis au territoire de la commune de Haguenau, et dont le bois est âgé de cinquante ans ;

Nous avons trouvé le sieur Martin Lauth, ouvrier tisseur, demeurant à Haguenau, quartier de l'Entelach, lequel était occupé à mutiler un pin vif de 1m 20 de circonférence, mesure prise à un mètre du sol, pour en extraire du bois gras ; l'entaille faite à l'aide d'une hache atteint le cœur de l'arbre et entraînera sa perte. Nous avons saisi l'instrument du délit et le bois gras déjà extrait, dont la valeur est de 1 fr.

Le sieur Lauth, Martin, est en récidive, ayant été condamné par suite du procès-verbal dressé par nous le 4 janvier dernier, n°...

Fait et clos à Schweighausen, le sept avril mil huit cent cinquante-deux.

Signat. du garde.

16ᵉ CONSERVATION.

—

DÉPARTEMENT
de la Meuse.

—

ARRONDISS. COMMUNAL
de Montmédy.

—

INSPECTION
de Montmédy.

—

CANTONNEMENT
de Spincourt.

—

Enlèvement de faînes.

—

Exemple Nˢ 5.

—

Direction Générale des Forêts.

L'an mil huit cent cinquante-cinq, le douze du mois de novembre,

Nous soussigné N..., garde forestier à la résidence d'Arrancy, assermenté et revêtu des marques distinctives de nos fonctions, certifions que, faisant notre tournée vers sept heures du matin, dans la forêt d'Arrancy, appartenant à l'État et à la commune, au canton appelé la Réserve, sis au territoire de la commune d'Arrancy, et dont le bois est âgé de soixante-dix ans.

Nous avons rencontré Jeanne Surdoux, fille mineure de François, journalier à Longuyon, qui ramassait et avait ramassé dans une hotte une charge de faîne, dont nous estimons la valeur à 1 fr. Nous avons saisi et répandu sur le sol les faînes ainsi enlevées, et avons rédigé le présent procès-verbal que nous avons clos à Arrancy, les jour, mois et an que dessus.

Signature du garde.

5e CONSERVATION.

—

DÉPARTEMENT
du Bas-Rhin.

—

ARRONDISS. COMMUNAL
de Strasbonrg.

—

INSPECTION
de Haguenau.

—

CANTONNEMENT
de Haguenau.

——

Enlèvement de feuilles
mortes.—Complicité.
—Saisie.—Séquestre.

——

Exemple N° 6.

——

Direction Générale des Forêts.

==================================

L'an mil huit cent cinquante-cinq, le dix
du mois de mars,

Nous soussigné, N..., garde forestier à la
résidence de Schweighausen, assermenté et
revêtu des marques distinctives de nos fonctions, certifions que, faisant notre tournée
vers quatre heures du soir, dans la forêt de
Haguenau, appartenant à l'Etat et à la ville,
au canton appelé Sandlach, sis au territoire
de la commune de Haguenau, et dont le bois
est âgé de quarante ans.

Nous avons rencontré les nommés Lauth,
Jacques, journalier, Metzinger, François, fils
mineur de Jacques, Frantz Mosenmann, ouvrier cardeur, et Fritz Keller, fils mineur de
Christine Keller, demeurant chez sa mère;
tous domiciliés en la ville de Haguenau, au
quartier dit de l'Entelach, lesquels étaient oc-
cupés à ramasser avec des rateaux et à charger sur une voiture attelée d'un cheval, des
feuilles mortes, propres à faire de la litière.

Nous avons reconnu la voiture et le cheval
pour appartenir au sieur Jacques Metzinger, et
nous l'avons saisi ainsi que le chargement de
feuilles mortes, dont la valeur est de 5 fr.

Nous en avons constitué séquestre le sieur
Nicolas, aubergiste à Haguenau; le cheval
saisi est sous poil bai et marqué de balzanes
aux jambes de devant, la voiture est une
charrette ordinaire en assez bon état, le harnachement est vieux et usé. Ledit sieur Nicolas ayant accepté le dépôt de ces divers objets
et s'étant engagé à les représenter à toute réquisition, nous lui avons délivré copie du présent acte, qu'il a signé avec nous

Fait et clos à Haguenau, le dix mars mil
huit cent cinquante-cinq, à sept heures du
soir.

Signature du séquestre,   Signat. du garde.

3ᵉ CONSERVATION.

—

DÉPARTEMENT
de la Côte-d'Or.

—

ARRONDISS. COMMUNAL
de Semur.

—

INSPECTION
de Semur.

—

CANTONNEMENT
de Montbard.

——

Extraction et enlève-
ment de pierres. —
Voiture à deux che-
vaux.

——

Exemple Nᵒ 7.

—

Direction Générale des Forêts.

L'an mil huit cent cinquante-trois, le six du mois de juin,

Nous soussigné, N..., garde-forestier à la résidence de Flavigny, assermenté et revêtu des marques distinctives de nos fonctions, certifions que, faisant notre tournée vers huit heures du matin, dans la forêt de Flavigny, appartenant à l'Etat, au canton appelé la Grande-Tranchée, sis au territoire de la commune de Flavigny, et dont le bois est âgé de dix-huit ans.

Nous avons trouvé le sieur Regnat, Pierre, domestique du sieur Reveilhon, Joseph, propriétaire, demeurant à Flavigny, lequel chargeait de pierres extraites du sol forestier, une voiture attelée de deux chevaux ; le sieur Regnat interrogé, nous a déclaré qu'il a été envoyé par son maître pour extraire de la pierre de la carrière voisine, mais que l'ayant trouvée obstruée, il avait cru pouvoir faire son chargement dans la carrière de la forêt. Nous avons estimé à 2 fr. la valeur des pierres enlevées, le dommage causé au sol forestier est de 3 fr.

Vu la solvabilité notoire du maître dudit Regnat, nous nous sommes abstenu de saisir la voiture, les chevaux et le chargement.

Fait et clos à Flavigny, les jour, mois et an que dessus.

Exemple Nᵒ 8.

Direction Générale des Forêts.

L'an mil huit cent cinquante-deux, le trois du mois de novembre,

Nous soussigné, N..., garde forestier à la résidence de la maison forestière du Haut-Fourneau, assermenté et revêtu des marques distinctives de nos fonctions, certifions que, faisant notre tournée vers sept heures du matin, dans la forêt de Mangiennes, appartenant à l'État, au canton appelé la Queue-de-l'Etang, sis au territoire de la commune de Billy, et dont le bois est âgé de trois ans.

Nous avons trouvé le sieur Chassaing, Nicolas, meunier à Billy, conduisant à travers la coupe de l'exercice 1848, une voiture attelée d'un cheval, il avait parcouru dans les jeunes taillis une longueur de cent cinquante mètres et endommagé un grand nombre de jeunes pousses. Nous avons évalué à 6 fr. le dommage occasionné au peuplement. Le sieur Chassaing nous a déclaré qu'il avait voulu prendre l'ancien chemin de vidange pour raccourcir sa route, mais que n'ayant pu le retrouver, il cherchait à regagner le grand chemin.

Fait et clos à la Maison forestière, les jour, mois et an que dessus.

Exemple nᵒ 9.

DÉPARTEMENT
de la Meuse.

Direction Générale des Forêts.

ARRONDISS COMMUNAL
de Montmédy.

L'an mil huit cent cinquante-deux, le cinq du mois d'avril.

INSPECTION
de Montmédy.

Nous soussigné N...., garde forestier à la résidence de Loison, assermenté et revêtu des marques distinctives de nos fonctions, certifions que, faisant notre tournée vers sept heures du matin, dans la forêt de Hingry, appartenant à l'Etat, au canton appelé Hingry-Sorel, sis au territoire de la commune de Loison, et dont le bois est âgé de huit ans ,

CANTONNEMENT
de Spincourt.

Nous avons trouvé les sieurs François Simon, fils mineur de Pierre, journalier , Jean Mauprat, fils mineur de Jeanne Favier, veuve Mauprat, et Juliette Sarret, fille mineure, domestique du sieur Barthe, Jean ; tous domiciliés audit Loison ; lesquels avaient allumé et entretenaient avec des bois morts, un feu établi à 30 mètres de la forêt. Ces bois enlevés de la forêt ainsi qu'il résulte de l'aveu des prévenus, et des traces laissées par eux, portaient moins de 2 décimètres de tour ; ils ont été évalués à une charge d'homme d'une valeur de 25 cent.

Feu à distance prohibée.

Dont procès-verbal clos à Loison, le six avril mil huit cent cinquante six.

28ᵉ CONSERVATION.

—

DÉPARTEMENT
de l'Aveyron.

—

ARRONDISS. COMMUNAL
d'Espalion.

—

INSPECTION
de Rodez.

—

CANTONNEMENT
d'Espalion.

—

Refus de secours en cas
d'incendie.

—

Exemple nº 10.

—

Direction Générale des Forêts.

L'an mil huit cent cinquante-six, le dix du mois de mars.

Nous soussigné N..., garde forestier à la résidence de la Maison forestière d'Aubrac, assermenté et revêtu des marques distinctives de nos fonctions, certifions que, faisant notre tournée vers huit heures du soir, dans la forêt d'Aubrac, appartenant à l'Etat, au canton appelé Grand Bois-d'Aubrac, sis au territoire de la commune de Saint-Chély, et dont le bois est âgé de trente ans.

Nous avons aperçu un commencement d'incendie qui venait de se déclarer sur le bord du chemin de César. Nous nous sommes immédiatement rendu dans les villages voisins pour chercher du secours, et nous avons requis le sieur .... propriétaire, demeurant aux Enfrux, de venir aider à éteindre l'incendie, ce à quoi il s'est refusé, disant qu'il y aurait bien assez de monde sans lui. Ledit sieur ..... est usager dans la forêt domaniale.

Nous avons rédigé de son refus le présent procès-verbal que nous avons clos et signé à la Maison forestière d'Aubrac, le onze mars mil huit cent cinquante-six.

3e CONSERVATION.

DÉPARTEMENT
de la Côte-d'Or.

—

ARRONDISS. COMMUNAL
de Semur.

—

INSPECTION
de Semur.

—

CANTONNEMENT
de Saulieu.

—

Construction de barra-
que.

—

Exemple N° 11.

—

Direction Générale des Forêts.

L'an mil huit cent cinquante-deux, le trois du mois d'avril,

Nous soussigné N..., garde-forestier à la résidence de la Maison forestière de Charny, assermenté et revêtu des marques distinctives de nos fonctions, certifions que, faisant notre tournée vers deux heures du soir, au canton appelé la Côte, sis au territoire de la commune de Mont-Saint-Jean.

Nous avons reconnu qu'il venait d'être construit récemment à la distance de 340 mètres environ de l'extrémité ouest de la forêt domaniale de Charny, une barraque en pierres et planches, située près de la carrière de pierre exploitée par le sieur François N..., carrier, demeurant à Mont-Saint-Jean ; ladite barraque est assise sur un terrain appartenant au sieur Jean Singlet, propriétaire audit Mont-Saint-Jean.

Nous nous sommes transporté à son domicile, et lui ayant demandé si la barraque avait été construite par lui, il nous a répondu qu'il avait loué son terrain au sieur François N..., et que c'était ce dernier qui y avait établi la loge destinée au service de la carrière. Ladite loge est couverte en tuiles et munie d'une fenêtre et d'une porte fermant à clef ; elle est inhabitée et paraît employée seulement à renfermer les outils et les provisions des ouvriers.

Fait et clos à la Maison forestière de Charny, les jour, mois et an que dessus.

16ᵉ CONSERVATION

—

DÉPARTEMENT
de la Meuse.

—

ARRONDISS. COMMUNAL
de Montmédy.

—

INSPECTION
de Montmédy.

—

CANTONNEMENT
de Spincourt.

——

Chantier sans autorisa-
tion.

——

Direction Générale des Forêts.

L'an mil huit cent cinquante-trois, le douze du mois de mars,

Nous soussigné N..., garde forestier à la résidence de Loison, assermenté et revêtu des marques distinctives de nos fonctions, certifions que, faisant notre tournée vers   heures du   dans la forêt de Sorel, appartenant à l'Etat, au canton appelé Hingry-Sorel, sis au territoire de la commune de Loison, et dont le bois est âgé de

Nous avons appris que le Sʳ Michel Stéphan, demeurant au lieu dit Sorel, avait établi dans la maison qu'il tient à location du sieur Bertrand, propriétaire, un atelier à débiter des lattes et du merrain, ladite maison étant située à moins de 100 mètres de la forêt domaniale de Sorel. Nous avons requis M. le maire de la commune de Loison de nous assister dans la visite, et nous étant transporté avec lui audit lieu de Sorel, nous avons constaté qu'il y avait dans la cour intérieure du bâtiment, quatre tronces prêtes à être mises en œuvre, tout l'outillage d'un atelier de fabricant de lattes ou merrain, coûtres, chevalets, etc., enfin une demi-treille ou 720 pièces environ de merrain assorti et façonné. Ayant demandé au sieur Stéphan, présent à notre visite, s'il avait l'autorisation d'établir un atelier de fabrication, il nous a répondu qu'il ne croyait pas avoir besoin de permission pour faire façonner les bois qu'il achetait.

Sur quoi nous lui avons déclaré que nous saisissions les bois tant façonnés qu'en grume, déposés dans ledit atelier et dont la désignation a été ci-dessus faite ; nous avons apposé l'empreinte de notre marteau sur les 4 tronces et sur les douves supérieures du merrain empilé, et nous avons évalué la valeur totale desdits bois à 160 fr.

En foi de quoi nous avons dressé le présent procès-verbal que M. le maire, présent à la visite, a signé avec nous.

Fait et clos à Loison, le treize mars mil huit cent cinquante-trois.

Signature du Maire,   Signature du Garde.

28° CONSERVATION.

—

DÉPARTEMENT
de la Haute-Loire.

—

ARRONDISS. **COMMUNAL**

d'Yssengeaux.

—

INSPECTION
du Puy.

—

CANTONNEMENT
du Puy.

—

Exemple n° 13.

—

Direction Générale des Forêts

L'an mil huit cent cinquante-trois, le douze du mois de mai.

Nous soussignés M... brigadier des forêts à la résidence du Chambon, et S... garde forestier à la résidence de Saint-Voy, assermentés et revêtus des marques distictives de nos fonctions, certifions que, faisant notre tournée vers neuf heures du matin,

Nous avons procédé à la vérification des bois déposés sur le chantier de la scierie dite du Chaulet, située à 1,224ᵐ des bois communaux du Chambon et exploitée pour le compte du sieur N..., propriétaire audit lieu, par le sieur Pierre Caillé, son préposé. Nous avons reconnu que cinq des tronces gisant dans l'intérieur du chantier, n'étaient pas revêtues de l'empreinte de notre marteau, et avaient été introduites sans déclaration préalable.

En foi de quoi nous avons rédigé le présent procès-verbal que nous avons clos et signé au Chambon, les jours, mois et an que dessus.

27ᵉ CONSERVATION.

Exemple n⁰ 14.

DÉPARTEMENT
de l'Hérault.

Direction Générale des Forêts.

ARRONDISS. COMMUNAL
de Saint-Pons.

INSPECTION
de Montpellier.

CANTONNEMENT
de Saint Pons.

Pâturage. — Saisie. —
Séquestre.

L'an mil huit cent cinquante-six, le dix du mois de mai.

Nous soussigné N..., garde forestier à la résidence de la Salvetat, assermenté et revêtu des marques distinctives de nos fonctions, certifions que, faisant notre tournée vers sept heures du matin, dans la forêt du Devez, appartenant à l'État, au canton appelé les Sagnes, sis au territoire de la commune de la Salvetat, et dont le bois est âgé de six ans.

Nous avons rencontré le sieur François Giraud, fils mineur de Pierre, cultivateur demeurant à la Salvetat, lequel gardait à bâton planté, un troupeau composé de trois moutons, une chèvre et une vache. Ces animaux avaient séjourné longtemps dans le taillis et y avaient occasionné un dommage que nous avons évalué à 10 fr.

Nous avons saisi le troupeau et l'ayant conduit à la Salvetat, nous l'avons remis sous la garde du sieur Fulcrand Servien, aubergiste audit lieu, que nous avons désigné comme séquestre. La vache est sous poil roux vif avec une étoile blanche au front, la chèvre est blanche, marquée de noir et dépourvue de cornes, les moutons sont fraîchement tondus et marqués au fer de la lettre M.

Le sieur Servien ayant accepté la garde de ces animaux et s'étant engagé à les représenter à toute réquisition légale, nous lui avons remis copie du présent acte qu'il a signé avec nous.

Fait et clos à la Salvetat, les jour, mois et an que dessus, à onze heures du matin.

Signature du séquestre. Signatur― ¹ᵘ ―arde

Exemple n° 15.

—

Direction Générale des Forêts.

L'an mil huit cent cinquante-six, le dix du mois d'août.

Nous soussigné N... garde forestier à la résidence de Saint-Urcize, assermenté et revêtu des marques distinctives de nos fonctions, certifions que, faisant notre tournée vers onze heures du matin dans la forêt de Saint-Urcize, appartenant à cette commune, au canton appelé Puech-Régio, sis au territoire de la commune de Saint-Urcize, et dont le bois est âgé de huit ans.

Nous avons trouvé deux vaches pâturant sans gardien. Ces animaux avaient endommagé un grand nombre de cépées qui portent les marques des abroutissements. Le propriétaire nous étant inconnu, nous les avons dirigées vers le village de Saint-Urcize où nous les avons mises sous la garde du sieur .... aubergiste audit lieu, que nous avons déclaré séquestre, et qui s'est engagé à les représenter à toute réquisition légale ; l'une des vaches est sous poil rouge-brun, l'autre, pie-noir et blanc. Le sieur .... invité par nous à signer le présent acte, nous a déclaré ne savoir signer ; nous lui avons remis copie de notre procès-verbal que nous avons clos à Saint-Urcize, le dix août mil huit cent cinquante-six.

Signature du garde.

• CONSERVATION.

—

DÉPARTEMENT
des Deux-Sèvres.

—

ARRONDISS. COMMUNAL
de Melle.

—

INSPECTION
de Niort.

—

CANTONNEMENT
de Beauvoir.

———

Introduction de bes-
tiaux dans des can-
tons en défends.

———

Exemple N° 16.

———

Direction Générale des Forêts.

L'an mil huit cent cinquante-six, le vingt-cinq du mois de mars,

Nous soussigné N...., garde forestier à la résidence de Lille, assermenté et revêtu des marques distinctives de nos fonctions, certifions que, faisant notre tournée vers sept heures du matin, dans la forêt des Usages, appartenant à la commune d'Availles, au canton appelé Fosse-l'Argent, sis au territoire de la commune d'Availles, et dont le bois est âgé de cinq ans.

Nous avons trouvé le nommé Poirier, Antoine, pâtre de la commune d'Availles, qui gardait à bâton planté. dans ledit canton, non déclaré défensable, la quantité de cent vingt bêtes à laine, formant le troupeau commun ; nous avons estimé à 15 francs le dommage causé par le pacage du troupeau.

En foi de quoi nous avons rédigé le présent procès-verbal que nous avons clos à Lille, le vingt-cinq du mois de mars mil huit cent cinquante-six.

Signature du Garde.

28ᵉ CONSERVATION.

DÉPARTEMENT
de la Haute-Loire.

ARRONDISS. COMMUNAL
de Brioudes.

INSPECTION
du Puy.

CANTONNEMENT
du Puy.

Introduction de bestiaux en nombre excédant celui indiqué par les procès-verbaux de défensabilité.

Exemple N° 17.

Direction Générale des Forêts.

L'an mil huit cent cinquante-six, le dix du mois de juillet,

Nous soussigné, N..., garde forestier à la résidence de Venteuges, assermenté et revêtu des marques distinctives de nos fonctions, certifions que, faisant notre tournée vers huit heures du matin, dans la forêt de Jalajoux, appartenant à la section de Chazettes, commune de Desges, au canton appelé Jalajoux, sis au territoire de la commune de Desges, et dont le bois est âgé de trente-et-un ans.

Nous avons trouvé le sieur H.., pâtre communal, gardant à bâton planté un troupeau composé de vingt-quatre têtes de gros bétail, savoir : dix-huit vaches et six taurillons, appartenant à divers habitants de la section propriétaire du bois. Le canton de Jalajoux a été déclaré défensable par arrêté du 18 février 1856, mais pour 21 têtes de bétail seulement; trois animaux y ont donc été introduits en contravention. Nous avons, pour reconnaître les propriétaires des bestiaux en excédant, dressé d'après les indications du berger la liste des différents propriétaires avec le nombre des bestiaux envoyés au pâturage par chacun d'eux, et nous étant transporté à la mairie, nous avons comparé cette liste avec celle de répartition des animaux admis au parcours, et nous avons reconnu que le sieur Just, Antoine, cultivateur demeurant à Chazettes, avait envoyé sept vaches au pâturage au lieu de quatre, nombre qui lui est assigné.

En foi de quoi nous avons rédigé le présent procès-verbal que nous avons clos et signé à Venteuges, le onze juillet mil huit cent cinquante-six.

28ᵉ CONSERVATION.

Exemple N° 18.

—

DÉPARTEMENT
du Cantal.

—

Direction Générale des Forêts.

ARRONDISS. COMMUNAL
de Murat.

—

INSPECTION
d'Aurillac.

—

CANTONNEMENT
de Murat.

—

Coupe de réserve.

—

L'an mil huit cent cinquante-cinq, le douze du mois de mars,

Nous soussigné, N..., brigadier forestier à la résidence de Montboudif, assermenté et revêtu des marques distinctives de nos fonctions, certifions que, faisant notre tournée vers onze heures du matin, dans la forêt de Maubert, appartenant à l'État, au canton appelé Bouillas, coupe de l'exercice 1855, 2ᵉ lot, sis au territoire de la commune de Condat, et dont le bois est âgé de cent vingt ans.

Nous avons constaté que les ouvriers du sieur N..., marchand de bois, demeurant à... adjudicataire du 2ᵉ lot de la coupe de l'exercice 1855, avaient abattu dans l'enceinte de ladite coupe qui est marquée en délivrance, un sapin ne portant pas l'empreinte du marteau de l'État ; nous avons mesuré cet arbre qui porte 1 mèt. 60 cent. de circonférence, mesure prise à un mètre du sol, et nous l'avons marqué de notre marteau ainsi que sa souche ; la valeur dudit sapin est de 9 fr.

Fait et clos à Montboudif, les jour, mois et an que dessus.

28ᵉ CONSERVATION.

—

DÉPARTEMENT
de l'Aveyron.

—

ARRONDISS. COMMUNAL
de Saint-Affrique.

—

INSPECTION
de Rodez.

—

CANTONNEMENT
de Saint-Affrique.

——

Outre-passe.

——

Exemple N° 19.

—

Direction Générale des Forêts.

L'an mil huit cent cinquante-six, le douze du mois de mars,

Nous soussigné. N..., brigadier, et N..., garde forestier à la résidence de Nouzet et de Camarès, assermentés et revêtus des marques distinctives de nos fonctions, certifions que, faisant notre tournée vers huit heures du matin, dans la forêt de Guiral, appartenant à l'Etat, au canton appelé Guiral, sis au territoire de la commune de Saint-Rome-de-Cernon, et dont le bois est âgé de vingt-cinq ans.

Nous avons reconnu que les ouvriers du sieur N..., adjudicataire du deuxième lot de la coupe de l'exercice 1855, avaient dépassé la ligne qui sépare à l'ouest ladite coupe d'avec le restant du bois. Ayant relevé de cornier en cornier la ligne d'arpentage, nous avons constaté que les ouvriers ont exploité à dix mètres en dehors de ladite ligne et qu'ils ont abattu, savoir : deux charmes, dont l'un de 40, et l'autre de 60 centimètres de circonférence, un chêne de 60 centimètres, mesure prise sur les souches, les arbres ayant été réunis à ceux de la vente ; plus une quantité de brins de moins de deux décimètres que nous avons évalué à une charge de voiture à un cheval ; les bois ainsi exploités en dehors de la coupe sont de même âge, nature et qualité que ceux de ladite coupe, et nous avons estimé leur valeur, savoir : les deux charmes à 3 fr., le chêne à 2 fr., et les menus bois à 6 francs.

Fait et clos à Nouzet, le treize mars mil huit cent cinquante-six.

DÉPARTEMENT
de la Meuse.

—

ARRONDISS. COMMUNAL
de Montmédy.

—

INSPECTION
de Montmédy.

—

CANTONNEMENT
de Spincourt.

———

Vices d'exploitation.

———

Exemple N° 20.

———

Direction Générale des Forêts.

═══════════════════════════════

L'an mil huit cent cinquante, le dix du mois de mars,

Nous soussignés, N.., brigadier à Senon, et S..., garde forestier à la résidence de Billy, assermentés et revêtus des marques distinctives de nos fonctions, certifions que, faisant notre tournée vers dix heures du matin, dans la forêt de Billy, appartenant à la commune de Billy, au canton appelé la Réserve, sis au territoire de la commune de Billy, et dont le bois est âgé de vingt ans.

Nous avons constaté que les ouvriers du sieur L..., adjudicataire de la coupe extraordinaire exploitée pour l'exercice 1849, abattaient un chêne sans l'avoir préalablement ébranché, et sans le diriger dans sa chûte au moyen de cordes, ainsi qu'il est prescrit par les clauses spéciales. Ledit arbre a endommagé dans sa chûte, trente brins de taillis de 20 à 30 centimètres de tour ; nous avons évalué le dommage à 30 fr.

Fait et clos à Billy, les jour, mois et an que dessus.

3° CONSERVATION.

—

DÉPARTEMENT
de la Côte-d'Or.

—

ARRONDISS. COMMUNAL
de Semur.

—

INSPECTION
de Semur.

—

CANTONNEMENT
de Saulieu.

—

Retard de nettoiement.

—

Exemple N° 21.

—

Direction Générale des Forêts.

L'an mil huit cent cinquante-six, le vingt du mois d'avril,

Nous soussignés. N..., brigadier forestier à la résidence de Montberthault, et N..., garde forestier à la résidence de Courcelles, assermentés et revêtus des marques distinctives de nos fonctions, certifions que, faisant notre tournée vers neuf heures du matin, dans la forêt de Courcelles, appartenant à la commune de Courcelles-Fresnois, au canton appelé les Ordinaires, coupe de l'exercice 1855, sis au territoire de la commune de Courcelles, et dont le bois est âgé de vingt-cinq ans.

Nous avons parcouru la coupe exploitée pour l'exercice 1855, par le sieur N..., entrepreneur du façonnage, et nous avons reconnu que le nettoiement prescrit par l'art. 23 du cahier des charges générales, n'a pas été effectué. Les ronces et épines n'ont pas été extraites, ou l'ont été d'une manière incomplète ; nous avons compté plus de cent vieux étocs qui n'ont pas été ravalés.

Quoique ledit entrepreneur ait été prévenu à plusieurs reprises, il a négligé de faire opérer ces travaux.

Nous avons, en conséquence, dressé contre lui le présent procès-verbal que nous avons clos et signé à Courcelles, les jours, mois et an que dessus.

3e CONSERVATION.

DÉPARTEMENT
de la Côte-d'Or.

—

ARRONDISS. COMMUNAL
de Semur.

—

INSPECTION
de Semur

—

CANTONNEMENT
de Saulieu.

—

Retard d'exploitation.

—

Exemple No 22.

—

Direction Générale des Forêts.

L'an mil huit cent cinquante-six, le vingt du mois d'avril,

Nous soussignés, N...., brigadier forestier et N..., garde forestier à la résidence de Saulieu, assermentés et revêtus des marques distinctives de nos fonctions, certifions que, faisant notre tournée vers huit heures du matin dans la forêt de Saulieu, appartenant à l'État, au canton appelé Champmonin, sis au territoire de la commune de Saulieu, et dont le bois est âgé de trente ans.

Nous avons parcouru la coupe de l'exercice 1855, no... de l'état d'assiette, deuxième lot, dont le sieur N..., marchand de bois demeurant à Saulieu, s'est rendu adjudicataire, et nous avons constaté que l'exploitation n'en est pas terminée; l'abatage du taillis n'était pas commencé sur un hectare environ de ladite coupe, et il reste encore sur pied trente chênes anciens, marqués pour être exploités, dans la partie où le taillis a été abattu. Nous avons évalué à 1,500 fr. la valeur des bois demeurés sur pied; nous en avons déclaré la saisie au sieur T.. .., facteur de la vente, avec défense d'en disposer d'aucune manière, et nous avons rédigé le présent procès-verbal que nous avons clos et signé à Saulieu, les jour, mois et an que dessus.

16e CONSEVRATION.

—

DÉPARTEMENT
de la Meuse.

—

ARRONDISS. COMMUNAL
de Montmédy.

—

INSPECTION
de Montmédy.

—

CANTONNEMENT
de Spincourt.

—

Chasse.

—

Exemple n° 23.

—

Direction Générale des Forêts.

L'an mil huit cent cinquante six, le vingt du mois de septembre.

Nous soussigné N.... brigadier forestier à la résidence d'Olfières, assermenté et revêtu des marques distinctives de nos fonctions, certifions que, faisant notre tournée vers neuf heures du matin, dans la forêt de Réchicourt, appartenant à la commune de ce nom, au canton appelé les Usages, sis au territoire de la commune de Réchicourt, et dont le bois est âgé de trois ans.

Nous avons entendu un coup de fusil dans la direction duquel nous nous sommes immédiatement transporté. Nous avons aperçu dans le taillis de la coupe de mil huit cent cinquante-deux, un chasseur occupé à recharger son fusil, et nous l'avons reconnu pour M..., fils mineur de M. N.., propriétaire, demeurant à Saint-Pierre-Villers : ledit sieur N.... n'est ni fermier, ni co fermier dudit droit de chasse dans les bois de Réchicourt. Il était accompagné d'un chien couchant et était armé d'un fusil double à piston, à canons damassés et crosse anglaise, arme que nous avons estimée à 150 fr. environ. Invité à nous exhiber son permis de chasse, le sieur N... nous a déclaré n'en pas avoir.

Fait et clos à   les jour,
mois et an que dessus.

Nota. Affirmer dans les vingt-quatre heures, c'est-à-dire avant neuf heures du matin le vingt-un septembre.

—

Par suite d'un arrêt de la Cour de cassation du 20 mars 1853, il est inutile de dresser, comme nous l'avons dit au chap. VII, § 4, un procès-verbal distinct pour le défaut de permis.

21e CONSERVATION.

—

DÉPARTEMENT
du Puy-de-Dôme.

—

ARRONDISS. COMMUNAL
de Thiers.

—

INSPECTION
de Clermont.

—

CANTONNEMENT
d'Ambert.

—

Pêche avec engins pro-
hibés.—Temps défen-
du. — Refus de re-
mettre les engins.

—

Exemple N° 82.

—

Direction Générale des Forêts.

L'an mil huit cent cinquante-cinq, le douze
du mois d'avril.

Nous soussigné N... garde pêche à la résidence de Maringues, assermenté et revêtu des
marques distinctives de nos fonctions, certifions que, faisant notre tournée vers six heures du matin, sur la rivière d'Allier, au canton appelé Saint-Amand, sis au territoire de
la commune de Joze,

Nous avons aperçu deux individus à nous
inconnus qui pêchaient à l'aide d'une manche
et en bouillant l'eau sous les racines. Nous
les avons invités à nous remettre les filets et
les poissons dont il étaient porteurs, ce à quoi
ils se sont formellement refusé; ils ont aussi
refusé de nous faire connaître leurs noms et
domiciles. Ayant pris leur signalement, afin
de les reconnaître plus tard, nous nous sommes établis en embuscade aux environs du bac
de Joze, par lequel ils devaient nécessairement
passer, et assistés du garde-champêtre requis
par nous, nous avons attendu jusqu'à l'heure
de midi. Ayant parfaitement reconnu nos
deux pêcheurs parmi les passagers, nous avons
saisi le filet dont ils étaient porteurs, ainsi
que les poissons capturés; les mailles de ce
filet, mesurées par nous, n'ont présenté que
12 millimètres d'ouverture; les poissons trouvés en la possession des pêcheurs, consistaient
en six brochetons de 20 centimères de longueur, sept barbeaux de 15 à 18 centimètres
et quinze ables ou poissons blancs de 20 à 25
centimètres, mesure prise entre l'œil et la
nageoire caudale. — Les délinquants s'étant
retirés après avoir abandonné leurs filets et
leur poisson, et personne n'ayant pu nous
donner d'indication sur leur identité, nous
avons invité le garde champêtre à se mettre
sur leurs traces, et renvoyé à une époque ultérieure la clôture de notre procès-verbal.

*Nota. Affirmer. Après l'affirmation, pré-
senter le procès-verbal au Juge de Paix dans
les chefs-lieux de canton, au Maire dans les
autres communes et requérir la vente du
poisson.*

Exemple N° 25.

Direction Générale de Forêts.

L'an mil huit cent cinquante-.... le.... du mois de. ..
Nous soussigné (*noms, prénoms et qualités*,) à la résidence de... re-
quérons en vertu des dispositions de l'art. 164 du Code forestier, **M.** le
(*qualité de l'agent de la force publique*) de nous seconder dans l'exercice de nos fonctions, et à cet effet de nous faire accompagner (*immédiatement ou à l'heure qu'on indiquera*) par la force publique à sa disposition, dans les (*tournées, recherches ou visites domiciliaires*) auxquelles nous procéderons pour la répression des délits.
Le sieur ... ayant obtempéré à notre réquisition, nous lui avons
remis un double du présent acte que nous avons signé à.... les jour,
mois et an que dessus.

Signature du préposé.

Exemple N° 26.

Direction Générale des Forêts.

L'an mil huit cent..... le..... du mois.....
Nous (*noms et qualité*) à la résidence de... avons en vertu de la dici-
sion de M. le Conservateur des forêts, en date du........ délivré dans
la forêt..... de..... au canton de.... en présence du garde du triage,
au sieur (*nom du concessionnaire ou de son représentant.*)
La quantité de (*indiquer la nature et la quantité des produits délivrés*)

A charge par ledit sieur (*nom du concessionnaire*) de verser à la
caisse du..... la somme de (*en toutes lettres*) et d'acquitter les droits
de timbre et d'enregistrement du procès-verbal qu'il a signé avec nous.

    A   , le

Signature du brigadier.   *Signature du garde du triage.*

Signature du concessionnaire.

TARIF DE CUBAGE.

Le Tarif a été calculé pour des hauteurs de 1 à 10 mètres, mais il peut servir à cuber des arbres d'une hauteur supérieure. Il suffit pour cela d'ajouter au cube trouvé pour la hauteur de 10 ^{m} celui qui correspond au chiffre représentant l'excédant de la hauteur réelle sur 10 ^{m}. — Ainsi, pour avoir au cinquième le cube d'un arbre de 14 ^{m} de hauteur sur 2 ^{m} de circonférence moyenne, j'ajouterai à 1,225 , nombre indiqué au Tarif pour une hauteur de 10 ^{m} le nombre 0.640 correspondant à une hauteur de 4 ^{m}, — la somme 1,865 représente le cube cherché.

CUBAGE DES BOIS.

Pour les Arbres ayant de		PRODUITS DU TRONC s'il est converti				Pour les Arbres ayant de		PRODUITS DU TRONC s'il est converti			
		en bois de charpente ou d'industrie.			en bois de chauffage.			en bois de charpente ou d'industrie.			en bois de chauffage.
Circonférence.	Hauteur.	au 1/4	au 1/5	au 1/6	stères.	Circonférence.	Hauteur.	au 1/4	au 1/5	au 1/6	stères.
(1)	(2)	(3)	(4)	(5)	(6)	(1)	(2)	(3)	(4)	(5)	(6)
0m25	1	0.004	0.003	0.003	0.008	1m »	1	0.063	0.040	0.043	0.107
	2	0.007	0.005	0.005	0.013		2	0.125	0.080	0.086	0.213
	3	0.011	0.007	0.008	0.019		3	0.187	0.120	0.130	0.320
	4	0.015	0.010	0.010	0.027		4	0.250	0.160	0.173	0.427
	5	0.019	0.012	0.013	0.032		5	0.312	0.200	0.217	0.533
	6	0.023	0.015	0.016	0.040		6	0.375	0.240	0.260	0.640
	7	0.027	0.017	0.018	0.045		7	0.437	0.280	0.303	0.747
	8	0.031	0.020	0.021	0.053		8	0.500	0.320	0.347	0.853
	9	0.035	0.022	0.024	0.059		9	0.562	0.360	0.390	0.960
	10	0.039	0.025	0.027	0.067		10	0.625	0.400	0.434	1.067
0m50	1	0.016	0.010	0.011	0.027	1m25	1	0.098	0.063	0.068	0.168
	2	0.031	0.020	0.021	0.053		2	0.195	0.125	0.135	0.333
	3	0.046	0.030	0.032	0.080		3	0.292	0.187	0.203	0.499
	4	0.062	0.040	0.043	0.107		4	0.390	0.250	0.271	0.667
	5	0.078	0.050	0.054	0.133		5	0.488	0.312	0.339	0.832
	6	0.093	0.060	0.064	0.160		6	0.585	0.375	0.406	1.000
	7	0.109	0.070	0.075	0.187		7	0.683	0.437	0.474	1.165
	8	0.124	0.080	0.086	0.213		8	0.780	0.500	0.542	1.333
	9	0.140	0.090	0.097	0.240		9	0.878	0.562	0.610	1.499
	10	0.156	0.100	0.108	0.267		10	0.976	0.625	0.678	1.667
0m75	1	0.035	0.023	0.024	0.061	1m50	1	0.141	0.090	0.063	0.240
	2	0.070	0.045	0.048	0.120		2	0.281	0.180	0.125	0.480
	3	0.105	0.067	0.073	0.179		3	0.421	0.270	0.187	0.720
	4	0.140	0.090	0.097	0.240		4	0.562	0.360	0.250	0.960
	5	0.175	0.112	0.122	0.299		5	0.703	0.450	0.312	1.200
	6	0.210	0.135	0.146	0.360		6	0.843	0.540	0.375	1.440
	7	0.245	0.157	0.170	0.419		7	0.984	0.630	0.437	1.680
	8	0.280	0.180	0.195	0.479		8	1.124	0.720	0.500	1.920
	9	0.315	0.202	0.219	0.539		9	1.265	0.810	0.562	2.160
	10	0.351	0.225	0.244	0.683		10	1.406	0.900	0.625	2.400

CUBAGE DES BOIS.

Pour les Arbres ayant — Circonférence. (1)	Hauteur. (2)	PRODUITS DU TRONC s'il est converti — en bois de charpente ou d'industrie — au 1/4 (3)	au 1/5 (4)	au 1/6 (5)	en bois de chauffage. — stères. (6)
1m75	1	0.191	0.123	0.133	0.326
	2	0.382	0.245	0.265	0.653
	3	0.574	0.367	0.398	0.979
	4	0.765	0.490	0.531	1.307
	5	0.957	0.612	0.664	1.632
	6	1.148	0.735	0.797	1.960
	7	1.339	0.857	0.930	2.285
	8	1.531	0.980	1.063	2.613
	9	1.722	1.102	1.196	2.939
	10	1.914	1.225	1.329	3.267
2m "	1	0.250	0.160	0.173	0.427
	2	0.500	0.320	0.346	0.853
	3	0.750	0.480	0.520	1.280
	4	1.000	0.640	0.693	1.707
	5	1.250	0.800	0.867	2.133
	6	1.500	0.960	1.040	2.560
	7	1.750	1.120	1.213	2.987
	8	2.000	1.280	1.387	3.413
	9	2.250	1.440	1.560	3.840
	10	2.500	1.600	1.734	4.267
2m25	1	0.316	0.203	0.220	0.541
	2	0.632	0.405	0.439	1.080
	3	0.949	0.607	0.659	1.619
	4	1.265	0.810	0.878	2.160
	5	1.582	1.012	1.098	2.699
	6	1.898	1.215	1.318	3.240
	7	2.214	1.417	1.537	3.779
	8	2.531	1.620	1.757	4.320
	9	2.847	1.822	1.977	4.859
	10	3.164	2.025	1.197	5.400

Pour les Arbres ayant de — Circonférence. (1)	Hauteur. (2)	PRODUITS DU TRONC s'il est converti — en bois de charpente ou d'industrie — au 1/4 (3)	au 1/5 (4)	au 1/6 (5)	en bois de chauffage. — stères. (6)
2m50	1	0.391	0.250	0.271	0.667
	2	0.781	0.500	0.542	1.333
	3	1.171	0.750	0.813	2.000
	4	1.562	1.000	1.084	2.667
	5	1.953	1.250	1.356	3.333
	6	2.345	1.500	1.627	4.000
	7	2.734	1.750	1.898	4.667
	8	3.124	2.000	2.169	5.333
	9	3.515	2.250	2.440	6.000
	10	3.906	2.500	2.712	6.667
2m75	1	0.473	0.303	0.328	0.808
	2	0.945	0.605	0.656	1.613
	3	1.417	0.907	0.984	2.419
	4	1.890	1.210	1.312	3.227
	5	2.363	1.512	1.641	4.032
	6	2.835	1.815	1.969	4.840
	7	3.308	2.117	2.297	5.645
	8	3.780	2.420	2.625	6.453
	9	4.253	2.722	2.953	7.259
	10	4.726	3.025	3.282	8.067
3 00	1	0.563	0.360	0.391	0.960
	2	1.125	0.720	0.781	1.920
	3	1.687	1.080	1.171	2.830
	4	2.250	1.440	1.562	3.840
	5	2.812	1.800	1.953	4.800
	6	3.375	2.160	2.343	5.760
	7	3.937	2.520	2.734	6.720
	8	4.500	2.880	3.124	7.680
	9	5.062	3.240	3.515	8.640
	10	5.625	3.600	3.906	9.600